U0030172

空服員應考特訓班

【暢銷修訂版】

跟著我一起當空姐，50堂空服員筆試、
口試、成功錄取一次考上必勝全攻略！

 # 目錄

Part 3　✈
無懈可擊的自我介紹，積極主動出擊

Part 4　✈
唸出清晰短文廣播詞，超水準專業表現

Preface ✈

考空服，
你一定要知道的事

我適合當空服員嗎？

　　空服員是航空公司的第一線服務人員，也是航空公司的親善大使，旅客對於航空公司的印象與辨識，大多來自機上的空服人員。你可能永遠也記不住哪一家航空公司有飛哪些地點，但是你一定會記得某家航空公司的空服員很正！

　　空服員絕對能榮登最令人憧憬職業的前三名，相信不少女孩都曾夢想過成為空服員，穿著美麗的制服，拉著行李箱，優雅的走遍全世界……的飯店（笑）。好啦！除了世界各地的飯店以外，那些在旅遊書上出現過的城市與觀光景點，都可以趁著工作時順道造訪。這份工作的迷人之處就在這裡。

　　到底什麼樣的人適合這份工作呢？更重要的是，正在看這本書的你，究竟適不適合當空服員呢？讓我們繼續看下去……

● 以年紀來說：

　　報考空服員並沒有年齡上的限制，不管是剛畢業的社會新鮮人，還是原本在其他工作領域發展、想要轉換跑道的人，都可以參加空服員的招募。相較於年紀而言，大部分航空公司更重視應試者的適職與

否，因此不管是國籍航空還是外商航空，都有30歲以上的人錄取喔！

● 以待遇來說：

就服務業而言，空服員的薪水算得上相當優渥，尤其對社會新鮮人更是具有吸引力，只要能夠善加理財，相信要在短時間內累積財富是沒問題的。更別提還有優惠機票、免費機票等福利了，這一點絕對是大家搶破頭的主因之一！

● 以學歷來說：

只有少數航空公司要求必須大學畢業才能報考，例如華航；其他像是長榮航空、卡達航空，甚至中東最大的阿聯酋航空等，大部分只要專科畢業就可以報考。

● 以工作經驗來說：

面試時被問到工作經驗的機率很高，如果本身剛好有服務業的相關經驗，只要表現不錯，大多有加分的機會。

● 以生活類型來說：

空服員的自由生活型態，相信也是讓許多人為之嚮往。每一次飛

行都是不同的體驗，一起工作的同事也會不一樣。一般在旅客下飛機之後，空服員們也就差不多可以收工下班，不會有加不完的班或回不完的LINE。

● 以休假來說：

空服員的作息是按表操課，每個月都會排班表，決定這一個月要飛哪些航點。扣除在外站的休息時間，平均來算月休大約十天，而且依照飛行時數多寡不同，有時候一個月還可以休超過十天喔！因此自己可以運用的時間比一般工作相對來得多，有些空服員甚至可以經營副業或進修拿學位呢！

● 以旅遊來說：

飛到國外的外站時間，都是屬於空服員的小確幸。另外，更吸引人的是組員的優惠折扣票，大約為票面價的一折左右。許多空服員最喜歡在休長假時開票出去旅遊，因為光是旅費就可以省下許多錢！

● 以夢想來說：

對很多人而言，空服員是一個光鮮亮麗並具有正面形象的工作，當然，高薪與附加價值更是讓人努力堅守夢想的原因。雖然很多人在

面試時都喜歡跟面試官說：「我喜歡服務別人！」、「我有服務熱忱！」（面試官一邊聽一邊忍住翻白眼的衝動，因為還沒發現這份工作很辛苦前大家都喜歡講這種官方答案。）然而天空很美，但是你知道從辦公室窗戶看出去的天空、站在平地仰望的天空，和從飛機上看出去的天空有什麼不同嗎？原來距離天空越近，越能體會它的浩瀚與壯闊。

● 以開拓視野來說：

　　除了旅行社的領隊外，很少有一份工作可以讓你到世界各地體驗不同的文化、生活和美食，到處探索留下足跡，並且不斷有新的人、事、物衝擊與學習。空服員的工作特性與步調不僅豐富了生活，享受自我成長與蛻變更是一件幸福的事。

● 以擴展人脈來說：

　　空服員在飛機上會碰到形形色色的旅客，也常有機會碰到不同領域的專業成功人士向你遞名片。如果和旅客聊天聊得起勁（扣除選媳婦和醉翁之意不在酒的人），對方覺得你是位人才，還有可能挖你跳槽到他們公司上班喔！所以在飛機上與乘客的互動和應對就顯得非常重要，空服員的專業形象可以為自己開創很多機會。

● 以出色的人際溝通技巧來說：

　　空服員在飛機上難免會遇到突發狀況，如何圓融處理旅客的抱怨並持續提供貼心完善的服務，經過旅客長期摧殘⋯⋯，我是說因為在飛機上與形形色色的旅客互動與交談，讓空服員的應對進退都恰如其分，這是經驗的累積。

　　看完這些一定要當空服員的理由，有讓你更確定空服員是你想要走的路了嗎？你也可以思考一下，想成為空服員的初衷是什麼？記住自己的初衷，可以幫助自己更加確定目標，並且朝著夢想前進。

　　現在的你，正在往成功的路上昂首闊步，離藍天更近了！

空服員的工作內容

空服員是指受過專業訓練的機艙服務人員，除了為旅客提供賓至如歸的服務外，最重要的任務是維護客艙安全。當飛機發生緊急狀況時，空服員必須確保機上所有人員的安全，迅速並準確協助乘客逃生。

因此每家航空公司的空服員都要先接受三到六個月的職前訓練，包括航空基本知識、各種機型訓練、緊急逃生演練及機上服務等相關專業知識，另外，每年還必須參加年度複訓。

空服員的工作並不是只有在飛機上，而是從到公司報到的那一刻就已經開始執勤。在飛機上的工作內容，除了飛行前的安全檢查、餐飲服務等，若乘客有任何的突發狀況，空服員也必須緊急應變處理，所以空服員一定要有良好的臨場應變能力。

有人說空服員不只是服務員，同時還身兼了消防員、保母、警察和醫生，不同情況扮演不同角色，工作內容繁複，說得真是太好了！相信只有擁有健康身體和強壯心理的人，才有辦法勝任這份辛苦不為外人知的工作。

事實上，機門一旦關閉，空服員和乘客就只有彼此了，唯有空服

員和乘客互相尊重與配合，才能成就每一趟愉快舒適的旅程。所以別再說空服員只是飛機上的高級服務生了，空服員不只有優雅迷人的外表，專業的工作技能與敬業的工作態度，更是值得大家尊敬的。

如果你正在準備空服員考試，你一定要知道：「安全永遠是第一！」（Safety is always number one priority.），面試官只要聽到這一句，就知道你是有備而來的（眼睛一亮）！

選擇屬於自己的翅膀

決定要考空服員後，所要面臨的另外一個問題，就是到底要考臺灣的航空公司還是外商航空公司？首先，要先了解兩者之間有什麼不同，才能知道究竟哪一個會比較適合自己。以下幾點差異可以讓還在徬徨的你更有頭緒和概念。

● 薪資福利

大家首先會考慮的應該是福利吧！一般會認為外商航空公司的薪資福利高於國籍航空公司，這是沒錯的。以空服員的薪資來說，最基本的計算方式是「基本飛時」（Basic Pay）加上「外站津貼」（Allowance）。由於外商航空的空服員基地是在外地，例如：國泰航空的基地為香港，所以公司還會再提供房屋津貼（Housing Allowance），這也是福利之一喔！

至於外站津貼的計算方式，每家航空公司不盡相同，國籍航空多半以每小時（Per Diem）計算，外商航空則多以在外站的餐費與過夜加給計算。因此就薪資福利看來，外商航空較為優渥無誤！

● 文化制度

公司文化與制度，也是考量的重點之一。外商公司給予組員的空間與自由較多，以中東地區最大的阿聯酋航空為例，員工來自全世界一百多個國家，多國文化融合與組成是一種輕鬆愉悅的工作氣氛，也不太會有資深、資淺的傳統文化。

而國籍航空因為組員大多為本地人，生長背景與文化相近，工作效率高，且常常會見到面，同事之間的感情與連結會高很多；而外商航空則因為組員人數太多，能重複一起飛同班機的機會小，有些人可能已經飛了十幾年，但還是有一大堆同事沒碰到過！

● 基地

對於許多想當空服員的美女帥哥來說，基地可能是壓倒心中的最後一根稻草啊！

大家心裡頭有時會很矛盾，一方面想要當空服員環遊世界，另一方面又不想離家太遠，天底下哪有這麼好康的事？

如果你是那種很容易思鄉的人，那麼建議還是以本國籍航空公司為優先考量吧！因為是以臺灣為基地，可以住在自己熟悉的地方，但同時又可以圓夢，簡直是太好了！

當然，如果你非常嚮往國外生活，也能接受不常返臺休假這一點，那麼外商航空公司會是比較適合的選擇！

● 升遷

傳統觀念總是認為，空服員不是一份長遠的工作，因為有年紀的限制，所以奉獻完青春就得轉地勤了。其實這是錯誤的！空服員也是有升遷制度的，在飛機上，如果大家有注意的話，不是只有年輕漂亮的妹妹在服務旅客，一般在商務艙和頭等艙，會看到比較有經驗的姊姊或哥哥，他們擔任的職位就是管理職，像是大家較為熟知的「座艙長」（Purser）。因此對於熱愛飛行的人而言，空服員的生涯規畫也是可長可久的喔！這一點在國籍與外商航空都一樣，但是升遷速度則會依公司規定和個人表現而有所不同。

● 航線

談到環遊世界的夢想，就要講到航線。航線對空服員是很重要的，尤其當每個月的班表排下來，往往可以決定自己一整個月的心情。

以臺灣最大的長榮與華航來說，航點已經很多了，但是和外商航空公司相較之下，還是會有落差。以阿聯酋航空來說，航線遍布六大

洲，全世界的航點超過140個目的地，而且每年還不斷開新航點，實在很讓人羨慕！除了一些大家熟知的觀光景點都有飛之外，還可以飛一些有錢都不見得會去的小島或城市！光想到這點就令人感到超興奮的！

以上五點指標提供給大家選擇時做為參考，很多人常會問哪一間航空公司比較好？這實在很難回答，因為每個人的喜好與需求都不一樣，這就跟被問到炒飯或炒麵哪一種比較好吃一樣。說實在話，就算非常喜歡吃炒飯的人，也不會永遠只想吃飯，對吧！（攤手）

每家航空公司各有優缺點，唯有多作比較，針對自己在意的地方去思考，就會容易許多。簡單來說，你喜歡的和最想要的，就擺在優先考量，至於其他次重要的，那就一切隨緣吧！

空姐不等於名模

　　每年大型空服員招募時，總會見到考場裡美女如雲，媒體更會捕獲野生的明星臉及一些外貌超吸睛的考生，久而久之，大家就會覺得空服員應該都長得很漂亮，身材又高又瘦。正因為大家對空服員的刻板印象，搞得要考的人都「皮皮挫」，深怕自己不夠瘦、不夠高，考前壓力大到猛啃沙拉和芭樂。這真是天大的迷思啊！考空姐並不是應徵名模，不需要有得天獨厚的外在條件才能考上。千萬記住一點！外表儀容是重要沒錯，也是審核的標準之一，但不是唯一！

　　還記得以前想考空服員時，在路上看到下班的空服員拉著行李箱走在路上，總會投以超羨慕的眼光。而且讓我印象深刻的是，看得出來有點疲憊的空姐雖然不認識我，但仍親切對著我笑，沒有敷衍，完全是一種發自內心的溫暖笑容，瞬間讓我非常開心，心裡便默默喜歡上那間航空公司。

　　從那時候開始，我就清楚了解，空服員是航空公司的最佳形象代言人，無論是否有出色的外在條件，重點是能否給人一種舒服、親切的感覺。穿上制服的空服員，應該要由內至外都散發出一種宜人的氣

質，這才是航空公司要找的空服員！

外表儀容的打理確實很重要，因為這是考生要努力營造給面試官的第一印象。其中的關鍵在於應考者要懂得打扮自己，畫出亮眼的妝容、穿著合適的服裝，在面試官面前展現自己最美好的一面。航空公司在面試時之所以會要求考生服裝儀容，就是要檢視各位有沒有空服員的樣子，面試官們會想像，當制服穿在你身上時，是不是也可以一樣好看。而他們的立場就跟乘客一樣，如果他們喜歡你，乘客就會喜歡你，想當然，你被選上的機會就很高。

除此之外，航空公司更看重的是考生的人格特質。對這份工作的熱忱、主動積極、親切友善等，都是空服員的必備特質，在面試過程透過與考生的互動，可以觀察出很多小細節，這些才是面試官們評分的重點。對他們來說，選出理想中的空服員絕對不是單看外表而已，一個人散發出來的整體感覺反而更重要。

至於很多人擔心的身高問題，目前除了阿聯酋航空有限制160公分以上才能報考（2016年新規定）外，其他航空公司並沒有身高的限制，但是會以摸得到指定高度為要求。國籍航空設定的高度約為202～205公分，外商航空則為208～212公分。

其主要原因是飛機上的安全與逃生設備，很多都放在行李櫃的高

度位置，如果空服員無法順利搆到，在安全上就會有很大的影響囉！

　　那麼體重呢？事實上航空公司看的是整體身材比例，而不是數字問題。在此給大家一點概念，去判斷自己的身材是否過胖過瘦。最簡單的就是看BMI值，以國民健康署建議的標準BMI值，應維持在15（kg/m^2）到24（kg/m^2）之間，太瘦、過重或太胖都有礙健康。

　　在應徵空服員之前，自己在進行飲食控制方面就要將自我要求訂高一些，將BMI值控制在18至21以內尤佳，這樣子穿著合身的應考服裝會比較好看，身材也會顯得更為勻稱。

　　另外一個可以觀察自己體態的標準則是體脂肪率，依據衛福部公布的標準，年齡30歲以下，女生體脂肪率標準應低於25％，男生應該要低於20％。大家可以觀察一下，兩個身高、體重一樣的人站在一起，體脂肪率高的人會比低的人看起來略顯福態。所以除了量體重以外，體脂肪率也是可以參考的數值之一。

　　身材整體比例看起來勻稱健康是最理想的狀態，但相對來說，如果過瘦也會讓人覺得弱不禁風，讓面試官擔心飛機上重翻天的餐車會把你壓垮，所以千萬不要誤以為越瘦越好喔！需要調整身材的人，可以在考前一到兩個月搭配健康飲食和運動增減重量，至於該怎麼吃？吃什麼會瘦的比較快？就要另外寫一本書告訴大家了，哈哈！

以下提供BMI值的標準算法供大家參考。

BMI值計算公式：

$$BMI = \frac{體重（公斤）}{身高 \times 身高（公尺）}$$

e.g.160公分的人，BMI值如果要落在18到21之間的話，應該是以下的體重範圍：

21BMI×1.6m×1.6m＝53.76kg

18BMI×1.6m×1.6m＝46.08kg

年紀大就不能考嗎？

年齡限制的問題，是大多數考生心中的最後一根稻草了吧！已經數不清有多少人曾經問我：「我已經畢業很久了耶，這樣還可以考嗎？」

我：「你看起來很年輕啊！不用擔心啦！（完全出自內心的真心話）」

結果往往不出所料，對方講出來的年齡都年輕得讓人想爆走！（哈哈）

大多數的人認為，好像只要年過25歲就已不再年輕，不過我想告訴大家的是，過了25歲只是新陳代謝變慢而已，不會影響考空服員的資格喔！而且說實話，如果要以這麼嚴格的標準來選人，航空公司大概挑不到多少人能用了。

依照我國就業服務法規定，包含航空公司都是不能明文規定身高、年齡、性別等條件做為應考資格，所以空服員的考試早就已經跳脫大家傳統認知，提供了更多的工作機會，給已進入職場但想轉職航空業的優秀人才。

而以往外商航空對年齡的規定本來就比較寬鬆一些，更何況從

這幾年這麼多航空公司頻繁招考的現象來看，不難發覺除了拓展航線外，航空業的高流動率，幾乎可以說是各項條件限制變寬鬆的主因呢！

考上空服員後，大家要面對的，不只是對夢想的執著和憧憬，現實面更是說不出的辛苦和疲憊。航空公司希望錄取的人充滿熱情與活力，卻也不得不以長遠的角度考慮，應試者是否對這份工作有足夠的決心和毅力。更重要的是，是否有意願把空服員當成職業，而不只是一份錢多的工作。

不論年紀，面對每一次的挑戰，只要懂得把握機會，展現自我價值，善用隨著人生與工作經驗累積的強大能量，沒有任何理由可以阻止你發光發亮！

空服員必備十大特質

　　空服員是很多人夢寐以求的職業，每次航空公司一公布招考消息，就會吸引成千上萬的人報考，很多人甚至失敗過很多次也一再挑戰。雖然這種努力不懈的精神讓人感動，但是如果一直找不到自己無法被錄取的原因，就無法突破困境。考試除了需要技巧之外，更要了解航空公司尋找空服員的一些必備特質，從內在與外在，從人格特質和能力指標，進而幫助自己在準備上更加得心應手。

　　我列出了空服員必備的十大特質，現在我們一起來檢視自己符合哪幾項。

一、積極主動、喜愛與人相處

　　這是服務業必備的特質之一，除了需要面對不同的顧客之外，身為空服員，每個航班都要與不同組員一起工作，如果無法自在並享受與他人相處的時間，在工作上會面臨很大的問題，也會影響工作氣氛。能夠主動詢問與關懷別人，是拉近彼此距離最快的方式，也會讓人覺得你容易親近，增加對你的好感。

二、團隊合作能力

一架飛機的乘客可多達三百多人，要提供大家優質與完善的服務，需要機上每位組員一起努力完成才行。

在飛機上的分工很細，不同艙等有不同組員服務，而每位組員都有自己的分內工作，只把自己的工作完成還不夠，還必須要團隊合作才能完成所有工作。這跟辦公室的工作性質不同，並不是獨立作業，做完就可以下班的。舉個例子來說，當部分空服員在做餐飲服務時，有些空服員會留在廚房，幫忙打理必備用品和補給餐點給正在服務的空服員，唯有互相幫助完成任務，才能將團隊合作的價值發揮到最大！

三、獨力自主與自律

擁有獨力自主個性的人，遇到問題會主動尋找解決方法，自動自發的工作態度會幫助你學得更快，工作能力會變得更好。空服員代表的是航空公司門面和形象，乘客對於航空公司的印象大多來自空服員，所以公司會嚴格要求空服員在言行舉止方面都要自律。不僅是穿著制服的時候，就算是穿著便服，也要注意自己的行為是否合乎規範和禮儀。空服員的頭銜雖然響亮，但常常會被用放大鏡檢視專業度。

四、服務熱忱

　　這點大家一定不陌生，因為很多人在面試時，都要提到自己有服務熱忱，雖然有可能只是說說而已。（笑）

　　空服員的主要工作內容就是服務乘客，而且是日復一日做同樣的事，跟其他工作一樣都會有職業倦怠，如果無法打從內心喜歡服務人群，並享受它所帶來的成就感，那麼費盡千辛萬苦考上後，不但工作沒有熱情，也無法做得長久。

五、人際溝通技巧

　　不管是面對乘客或同事，溝通是傳遞訊息與互相了解的必要過程。

　　沒有良好的溝通就容易造成誤解，從言語到非言語都是溝通的方式，有時我們可能跟乘客語言不通，這時還可以透過肢體動作或臉部表情來達到溝通的目的，懂得傾聽並具備良好的表達能力，在工作上會更加事半功倍。

　　舉例來說，如果有旅客交代某位組員不要打擾他休息，這位組員如果沒有將訊息傳達給其他組員知道，讓他在休息時被其他組員打擾，就有可能造成旅客生氣甚至客訴。

六、應變能力

在飛機上會發生什麼事是無法預料的,當空服員遇到突發狀況時,必須要能保持冷靜並作出正確的判斷去應變處理。不管是安全或服務相關,在面對壓力時,要沉穩立即做出反應並解決問題,是很不容易的一件事,如果在面試時可以展現自己的隨機應變能力,會有很大的加分。

七、情緒管理能力

客人不一定永遠都是對的。不過就算客人無理,讓你恨得牙癢癢的,仍然要保持專業和圓融的應對,每一個用字遣詞都要注意,不要將旅客的情緒加諸在自己身上,這就是這份工作的其中一個辛酸!不要將工作中不滿的情緒留在心裡,因為老實說,工作中一定會碰到很多這種狀況,如果不懂得自我調適心情,那是會很辛苦的。

八、適應力

空服人生就是一種流浪的生活態度,能夠入境隨俗並隨遇而安,就是空服員生活的最佳寫照!

每個月大多是按班表飛行,但是一定要做好因班機調度而打亂計畫的心理準備,永遠要做好「Plan B」,這是當空服員必須接受的無奈

現實面。常常飛往不同的城市，要能快速適應當地時區與生活，對不同的飲食和文化的接受度也要很高，才能享受短暫卻美好的外站生活。

九、良好的工作態度

在職場中，良好的工作態度更勝於工作能力，因為技巧與能力都是可以被訓練出來的，但是態度卻無法。這也是為什麼有些學經歷和外型條件都相當好的人，最後卻跌破眼鏡無法錄取的原因之一，因為航空公司要尋找能虛心學習、認真負責、不會自恃甚高的空服員。

十、保持身心健康

想當空服員就一定要有強健的體魄才行！因為機上工作要消耗很大的體力，工時長又有許多重物需要處理，柔弱無力的人是無法勝任這份工作的。很多空服員長期工作訓練下來，肌肉都超發達，相信這一點空服員的男友絕對明白。（哈哈）錄取後的應試者也要經過一連串的體檢，確認身心健康才能開始職前訓練喔！

以上空服員的十大特質，可以作為大家參考的指標。當然並不是要你十項全能，而是能夠找出自己具備的人格特質，並且在面試當中表現出來，就能大大提升自己的競爭力，增加考上的機率囉！

Part 1 ✈

空服員應考
不可或缺的基本配備

面試照片準備

　　在報考航空公司都會需要繳交美美的照片,照片可分成大頭照、全身照和生活照三種。在面試官完全沒看過你的情況下,照片是他認識你的第一步,所以,拍出專業又吸睛的照片是首要任務。接著來看看該如何挑選幫你加分的照片吧!

● 大頭照

　　格式以身分證或護照格式的彩色大頭照為主,最好是三個月內脫帽照片,正面、面帶笑容為佳,不過不建議直接用學士照喔!另外,最好不要戴眼鏡,耳環也以珍珠或水晶貼耳的簡單素雅款式為主。

　　因為要營造專業的形象,男生可以穿西裝、打領帶,女生可以穿襯衫或套裝,頭髮可以稍作整理,但不一定要梳包頭,但一定要露出耳朵和整張臉,瀏海太長的要夾起來,不要遮到眼尾和眉毛。

　　建議妝容要完整,讓自己的氣色看起來更好、更有精神。還有要注意一點,因為拍大頭照都有打光,如果妝化得太淡,拍起來會不清楚喔!

● 全身照

外商航空公司有些會要求穿著應考服的全身照，一般都是以全白或全藍的背景拍，航空公司會規定站姿及兩手擺放的位置，要請照相館依照規定和規格拍。穿應考服的服裝儀容要完全遵照考試標準，妝容完整、頭髮梳包頭、服裝燙平整，穿膚色絲襪，整個人要散發出空服員的專業形象。最後，記得帶上開朗燦爛的笑容喔！

● 生活照

① 衣服：

生活照就是要穿平常會穿的衣服拍，但也絕對不是隨便穿穿，那只會讓自己在第一關就隨便被刷掉。服裝挑選要能夠展現自己良好的身材比例，例如腿又長又美的人，可以穿短褲、短裙（不是超短那種，以端莊優雅為前提）；就算是穿休閒褲，款式的選擇也要能修飾身型。不知道如何搭配的人，可以選擇穿一件式洋裝，剪裁大方簡單即可。男生就更容易了，T恤、襯衫配休閒褲或牛仔褲，陽光型男LOOK就對了！

② 背景：

　　盡量選擇在戶外拍，因為自然光拍起來最美。拍照的背景很重要，一定要乾淨，不要有其他人入鏡或太多雜亂的物品。拍照前可以先構圖，照片上下要留白，你就是主角，背景則是看起來舒適宜人就好，手上不要有包包或雜物。

③ 工具：

　　建議要用相機拍，雖然現在手機拍照真的很方便，但好一點的相機成像還是會好很多。此外，幫你拍照的人也很重要，如果可以的話，找拍照技術好一點的人幫忙。

④ 妝容：

　　生活照也是要美美的，就像出門和朋友逛街吃飯時的打扮，一定要化妝，氣色才會好。

⑤ 表情動作：

　　身體和臉都是正面對鏡頭，露出自然開朗的笑容，活潑一點是可以的，不過可千萬不要做太過誇張的表情，因為那樣子面試官會看不出來你到底長怎麼樣喔！（哈）

◆貼心小提醒：

　　對有些航空公司而言，照片是用來挑選可以前來面試的應試者，所以照片的優劣將會決定大家的命運，千萬要用心準備，沒選好的話，可能會讓你因此失去面試的機會喔！

應考服與配件

　　一般航空公司的招考簡章上，對於男女應考服裝有明文規定，但仍是有很多帥哥美女不知道該怎麼挑選合適又好看的應考服。以女生來說，最符合航空公司標準的應考服裝搭配是短袖素色襯衫、深色及膝窄裙、膚色透明絲襪，配上黑色高跟包鞋；以男生來說，則是短袖素色襯衫、深色西裝褲、打領帶，再配上黑色皮鞋。

女生全身標準應考服裝正面照：
臺灣航空公司招考常見的女生服裝儀容，整體感覺要有精神，展現出好的身材比例。

男生全身標準應考服正面照：臺灣航空公司招考常見的男生服裝儀容，材質與版型都要能修飾身材比例。

男生全身標準應考服（有西裝外套）：臺灣航空公司要求應考者穿短袖襯衫，外商航空公司則要求穿整套西裝，記得外套最下面一顆釦子不要扣。

女生襯衫特寫照：記得內衣要穿白色或膚色，也可以穿白色背心，襯衫要合身，紮進去才不會有太多皺褶。　**男生襯衫特寫照**：記得要穿內衣並燙整過，領帶長度剛好碰觸到皮帶，最長不要超過皮帶頭。

● 襯衫：

規格與樣式：不論男女，重點是領子要挺，選擇標準領的襯衫。一般商務套裝常見的款式最不容易出錯，合身修身但不緊身，不然小腹會非常明顯，反而暴露自己的缺點。而且襯衫一定要穿短袖的，因為面試官要檢視應試者手部有無明顯疤痕。另外襯衫長度也勿過短，要能夠紮進去窄裙或西裝褲。剪裁和布料會影響襯衫的美觀，因此建議一定要挑較挺的材質，穿起來會更有精神。

顏色：素色或淡條紋都可以，女生可以挑選白色、淺粉、淺紫、淺藍等令人覺得舒服清新的顏色；男生可以挑選白色、淺藍、淺灰、淺紫等顏色。

女生窄裙近照：窄裙需特別注意在骨盆處要留空間，若過於貼身，走路時裙子會往上跑。

● 窄裙：

規格與樣式：窄裙要選擇西裝布料，穿起來會比較挺，細的裙頭較優，合身而不緊身，平坦沒有皺褶。依照航空公司規定都是及膝窄裙，及膝的長度就是剛好碰到膝蓋，不是蓋住喔！但是每個人的身材比例有所不同，基本上膝上1到3公分的範圍都是可以接受的，看起來會更優雅大方。特別要注意腹部和腰部不能太緊，有些考生因為穿太合身，一坐下來就會擠出游泳圈，反而暴露出身材上的缺點。

顏色：挑深色的西裝窄裙，黑色是最佳的選擇，不但最好搭配，同時還有顯瘦效果。

● 西裝褲：

規格與樣式：西裝布料製作的褲子才正式，線條利落流暢，修身不緊身，絕對不要把褲管改的很窄很緊，面試並不是在展現時尚流行喔！褲長要修改，建議穿著應考皮鞋調整要修改的褲腳長短，以站姿為準，長度要可以蓋住腳踝。

顏色：深色西裝褲，黑色最為推薦，最正式沉穩。

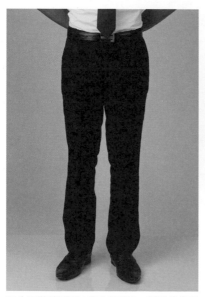

男生西裝褲近照：修身不緊身，褲子線條利落無皺褶，看起來不僅比例好，也有精神。

男生西裝褲褲腳特寫近照：褲腳長度以一折或半折為佳，過多堆積會影響比例，看起來沒精神。（圖為一折）

● 襪子：

女生：選擇素面透膚的絲襪，要跟皮膚顏色相近，如果小腿有疤痕，可以稍微用遮瑕膏修飾，絕對不要穿高丹數的絲襪喔！除了不透膚以外，看起來也很像假腿！

男生：選擇紳士襪，長度為23至26公分以上，可以蓋到小腿肚才夠長喔！顏色的選擇上以黑色最百搭，另外，也可以挑選和西裝褲同色系的襪子，但一定要全素面，千萬不要穿花襪子或短襪喔！

● 男生皮鞋：

男生皮鞋特寫近照：皮鞋選擇黑色正式款，適合自己的楦頭即可，重要的是要乾淨且不能有破損。

● 領帶：

　　以面試場合來說，領帶選擇寬度 6 公分以上是比較適合的，不要打 5 公分左右的窄版領帶，領帶打好的長度大約接觸到皮帶釦。款式以素面、條紋、簡單的幾何圖形來說較合適，過於花俏的款式會讓人覺得很輕浮，與襯衫顏色的搭配也要留意喔！

男生領帶參考照：從一般的素面領帶到不花俏的幾何、點點、條紋都是好選擇，顏色要能襯托自己的襯衫和膚色。

女生穿高跟鞋近照：微圓尖楦頭的跟鞋，有
拉長腿型比例的視覺效果。

高跟鞋靜物特寫照：包鞋的鞋頭不要太淺
口，要能夠完全包覆腳趾。

● 高跟鞋：

　　航空公司都會要求考生穿黑色高跟包鞋，所以就不要突發奇想的
挑戰其他顏色喔！高度以兩吋半到三吋最佳（1吋＝2.54公分），大
概約 6 到 7 公分的鞋跟高度最可以修飾腿型和身型。如果是比較高的
女生，不想讓自己看起來太巨人，可以選擇稍微矮一點的跟鞋，大概
3 到 5 公分就好。

　　切記！不要在考試當天穿全新的鞋子，一定要事先穿過幾次，除
了練習儀態外，也可以測試舒適度和是否咬腳，避免在考試時出包。

●配件看這裡：

①**手錶**：空服員要有良好的時間觀念，建議一定要戴手錶，不要戴卡通、運動或造型誇張的錶款，一般素面優雅的皮帶手錶或鋼錶帶的錶款都很適合。

②**項鍊**：建議不要戴項鍊，避免在活動時晃來晃去干擾面試官的視線。

③**手鍊**：建議不要戴手鍊，只有手錶是必要。

④**戒指**：一手配戴一只，不要超過兩只。

⑤**耳環**：配戴緊貼耳垂式的素雅耳環，垂吊款式是不可以的喔！珍珠耳環或素面銀色水晶耳環最為適當。

彩妝與髮型

　　應考彩妝和包髮，是讓你看起來最像空服員的兩大重點，航空公司的要求是要略施淡妝。雖然是淡妝，但妝容的完整度非常重要，不是有畫跟沒畫差不多的時下流行裸妝，要有妝感，看起來乾淨舒服有精神為標準，但也不可以濃妝豔抹，原則上要讓面試官可以清楚看到你美麗的五官。

　　在開始講彩妝步驟前，要先來談肌膚保養。妝容持久服貼的祕訣，是要保濕度佳、穩定的肌膚狀態，保濕一定要做好，要依照自己的膚質挑選適合的保養品，化妝水、精華液、乳液是最基礎的保養步驟，依季節替換適合的保養品。

　　保養前的清潔是最重要的！每天都要做好卸妝和洗臉，把臉上的油光和汙垢都清潔乾淨，才不會因為毛孔阻塞而長粉刺和痘痘。定期去角質，避免角質層過厚而造成保養品無法吸收。

　　航空公司非常注重空服員的皮膚狀況，以國籍航空公司來說，考場都是日光燈，每位考生的膚況都看得非常清楚；外商公司在面試時更會近距離檢視，就算有遮瑕膏也會無所遁形哦！所以平時的保養一

定不能偷懶，有好的膚況，不管怎麼化妝都會很美。

　　如果容易大量長粉刺和痘痘的肌膚，可以盡早找專業皮膚科醫生治療，千萬不要自已亂擠以免留疤。通常在面試前一周都要特別加強保濕，可以使用面膜或急救保濕產品，來加強肌膚的保水度，擦上保養品後可以稍作按摩增強血液循環，讓氣色更加紅潤。

　　做好保養後，接下來就可以開始畫美美的空姐妝囉！首先來看專業應考彩妝必備用品清單：

① 防曬隔離霜：

　　隔離霜通常具有綜合功能，有添加防曬可視為防曬乳使用，而且大部分都有保濕功能，可以讓皮膚更吃妝。

② 飾底乳：

　　飾底乳的功能來自顏色，白色打亮，綠色修飾泛紅，粉色增加氣色，紫色修飾蠟黃，飾底乳可以有潤色及改變膚色不均的效果。

③ 粉底：

　　考試一定要打粉底，不但能讓膚色明亮，也可以讓妝效更持久。建議選擇近膚色的粉底液，用海綿或刷子由上往下、由內往外在臉上均勻推開。

應考彩妝正面照：應考妝容是以乾淨有精神為主，不宜過濃或過淡。

④ 遮瑕膏：

　　如果臉上有小瑕疵或黑眼圈時，可用少許遮瑕膏來修飾。

⑤ 蜜粉：

　　上完粉底後一定要使用蜜粉來定妝，用海綿按壓的方式均勻上全臉，可以減緩出油並增加持妝效果。

⑥ 眉筆（眉粉）：

　　眉型以每個人的臉型為主，將雜毛修掉，自然、粗細適中為佳。可以選擇與頭髮顏色相近的眉筆或眉粉才不會突兀。眉毛最自然漂亮的畫法一定要由眉頭淺到眉尾深。

⑦ 眼影：

　　想要有甜美的電眼，一定要畫好眼妝。上眼妝前可以先打底，增加眼影顯色度。可選擇四色眼影自由搭配，越靠近眼睛顏色越深，最

眼妝正面特寫照（眼睛看下方）：眼妝是重點，大地色系眼影是常見又好駕馭的顏色。

淺色的先上滿眼窩，中間色堆疊在眼球部位，最深的顏色上在雙眼皮褶。一般常見應考顏色為紫色系、粉色系、藍色系、綠色系及大地色系，要注意眼影的亮片少許就好，又不是要去參加Party，顆粒大的亮片絕對不要用。

⑧ **眼線液（筆）：**

　　眼線可以使用防水黑色眼線筆或眼線液，畫的位置是在上眼皮靠近睫毛根部，從眼頭到眼尾描繪，眼線功能是讓眼睛更有神，所以一定要畫，粗細要適中。

⑨ **睫毛膏：**

　　可以選用黑色防水睫毛膏以防暈染，建議上睫毛膏前先用睫毛夾夾翹睫毛。若要使用假睫毛，最好選用自然濃密型，太厚重或太誇張的不要用，以Z字型的手法由睫毛根部往上輕刷，如果要上多層，要特別注意睫毛不可糾結結塊。

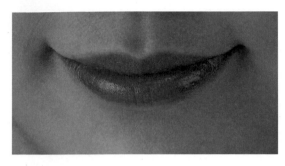

唇妝特寫正面照：顯色的口紅
會讓人看起來氣色更好。

⑩ 腮紅：

　　腮紅是好氣色的來源，考試時一定要擦，顏色以柔美粉色為主，
上在笑肌的位置。

⑪ 口紅：

　　嘴唇容易有紋路和乾燥，護唇膏的保濕千萬不能忽略。挑選飽和
度較高的顏色，像紅色系、桃紅色系、粉色系，以唇膏為主，可攜帶
唇蜜補強。也可以先用唇筆描繪唇線輪廓，會讓顏色更持久。

⊙男生的妝容相對簡單許多，只要上隔離霜、飾底乳均勻膚色即可，
　要擦護唇膏並且隨身攜帶，以備不時之需。

航空公司規定的應考髮型，長髮必須要梳包頭，若是短髮以不要超過衣領下緣為宜。若有劉海，不要遮到眉毛和眼睛，髮色以黑髮或深咖啡色等自然髮色為主，如果頭髮顏色太淺，考試前一定要染回來喔！

大家對長髮包頭比較不熟悉，想綁出空服員優雅又乾淨的包頭，要先準備以下工具：

①尖尾梳

②髮網

③黑色髮夾

④髮束

⑤黑色橡皮筋

⑥黑色法式髮叉或∪型夾

⑦髮膠或定型液

接下來要教大家動手綁兩種常見的空服員包頭，一種是簡易的日式包頭，一種是優雅的法式包頭。

● 日式包頭示範：

　　如果自己完全不熟練綁包頭，最簡單的方式就是先綁一個馬尾，一手握住髮束以逆時針方向往上旋轉馬尾，把頭髮捲成圓圈，再用黑夾固定。頭髮細毛很多的人可以加髮網套住，接著將黑色髮束套在頭髮上。兩側綁不起來的細髮或BabyHair，要用髮膠或順髮膏稍微順過才會服貼，再用黑色髮夾固定，最後可噴少許定型液加強就OK囉！

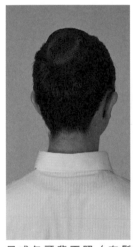 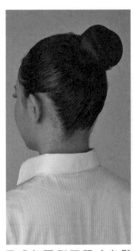 

日式包頭背面照（有髮網）：日式包頭對髮量較多的女孩或新手來說最適合，因為最容易上手。

日式包頭側面照（有髮網）：綁日式包頭可以將髮髻高度紮高一些，看起來會較年輕活潑。

日式包頭側面照（無髮網）：不使用髮網的日式包頭則一定要將細髮收乾淨。

● 法式包頭示範：

　　這是大家最愛的空姐包頭，優雅迷人的法式包頭，首先要先將頭髮噴半濕，用尖尾梳把頭髮梳整齊後，一手握住頭髮往上捲，要緊緊的扭轉上去喔！一直往上捲就會自然形成出法式包頭的弧度，接下來一手扶住頭髮，一手將超出頭頂高度的頭髮往下折，藏進去頭髮裡，接著將上方頭髮梳整齊，劉海的部分可以全部往後梳，看起來會更乾淨俐落。若頭髮不夠長也不用擔心，使用定型液就沒問題了。接著用法式專用髮叉由左到右插入包頭固定，最後再噴上定型液固定就完成囉！如果不用法式髮叉，也可以使用Ｕ型夾代替。

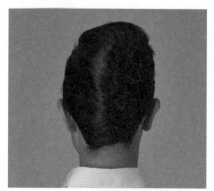 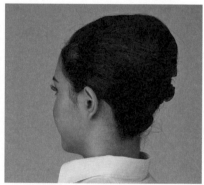

法式包頭背面照：法式包頭的細節在於頭髮要捲緊塞進去，再調整出漂亮弧形。

法式包頭側面照：法式包頭會讓頭型看起來很美，但難度較高，需要多練習。

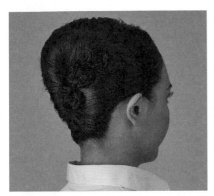 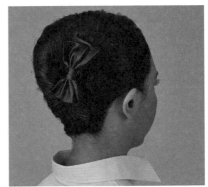

法式包頭側面照（小花夾髮飾）：如果使用
U型夾綁法式包頭，一般都還會再使用髮飾
（如小花夾），可以用來擋住塞頭髮的缺
口，也可將小細髮遮住。

法式包頭側面照（法式髮叉）：法式髮叉可
以直接當成工具，將頭髮塞進去後直接用髮
叉固定，綁起來也非常緊。

● 男生髮型示範：

　　選用霧面或亮度不要太高的髮蠟，抓出自然髮型，以整齊乾淨為原

則，頭髮長度不要太長，記得修剪鬢角，髮色也是自然深咖啡或黑髮。

男生髮型正面近照：男生可以使
用飾底乳或少量粉底修飾膚色，
嘴唇要擦護唇膏。

平常不習慣化妝的人一定要多加練習，才會更順手，建議可以多嘗試不同的眼影顏色，找出好看又適合自己的。很多人在上妝時，會有下手太輕的問題，因為怕看起來太濃，但事實上都畫得太淡了，標準是要讓坐在前方有點距離的面試官能夠看得到喔！

　　包頭的部分一剛開始會比較難，尤其是法式包頭，不過只要常常綁，手感就會變好，建議可以依照個人臉型決定綁哪一種髮型。很多人從前面看，頭髮似乎綁得很好，然而轉過去才發現，一大堆Baby Hair沒有弄好，看起來就沒有那麼整齊好看了，所以還是得努力練習。

　　先將這兩樣功夫學好，等考取後你就會輕鬆很多了，因為受訓期間每天都得化妝和綁頭髮喔！

◆貼心小提醒：

　　①不要戴有框眼鏡去考試喔！要戴隱形眼鏡，但注意不要戴瞳孔放大片或有色的隱形眼鏡。

　　②上指甲油前，一定要先把指甲修剪整齊，保持乾淨。顏色以粉紅色系、粉膚色系、紅色系為主，要挑選飽合度較高的指甲油，柔和淡雅最好看。也可以選擇找美甲店做素面光療指甲，不易刮花而且持

久，但是千萬不可以做彩繪指甲。

　　③建議面試當天可以適量使用香水，讓自己更充滿魅力。香水可以噴在後頸處，香氣較明顯持久，另外，手腕內側和手肘也是很多人會噴的部位。如果想讓全身平均都有香氣，可以將香水噴在空中，再走過去讓香水落在身上，這樣子全身都會有淡淡宜人的香氣了。

英語檢定

國籍航空要求的應考資格中，取得英文檢定成績並達到要求的分數是門檻之一，決定要報考國籍航空的人，建議要盡早拿到英文檢定成績，以免錯失報考機會，因為並不是每家航空公司都接受補交成績的。

一般來說，大多數人對聽力較不拿手，聽力講求的是節奏感和專注力，這樣的能力並非短時間就可以培養出來。想要高分，除了掌握以下超實用的考試技巧外，還是要回到最根本的問題上，就是把基礎打好。

以大家最常接觸的多益考試為例，要在短時間內加強聽力，一定要多聽純談話性的英文廣播，或是觀看各種新聞、影集來習慣口音，尤其是多益考試中常出現的英國、澳洲和印度腔調，要盡力營造猶如置身國外的英文環境。

● 多益聽力測驗考試內容：

1. Photographs照片描述

2. Question Response應答問題

3. Short Conversations簡短對話

4. Short Talks簡短獨白

考試時間為45分鐘，共100題

接下來介紹各項目的考試技巧，請在做模擬試題時一起練習，找出最適合你個人的解題方式。

1. Photographs照片描述

將重點放在主詞、動詞、照片中的狀態和場景事物，選出最合理且最好的描述，千萬不要自行延伸想像，做太多的猜測。因為只有一次機會，所以請相信自己第一次聽到的答案，不需要猶豫。

2. Question Response應答問題

① 刪去法：

選擇題型的考試中，刪去法是最好用也最基本的技巧，可以提高準確率，降低被混亂的風險。

② 5W1H題型：

大多數的題目會以5W1H的疑問句為主，搭配YES or NO題型，有的題目甚至只要聽到開頭的關鍵字，就可以選出答案，所以聽清楚開頭非常重要。

③ 低重複性：

題目中有提到的單字或專有名詞，有很大的可能會作為陷阱而放在答案選項中，可以作為優先刪去的參考。

3. Short Conversations簡短對話

① 節奏感與步調：

一則簡短對話對應3題，播放說明時，先快速看過第一則對話的題目和答案選項，等播放對話的同時，就要把答案都找出來。等播放第一則對話的題目和答案選項時，要開始看第二則對話的題目和選項，以此類推。

② 保持冷靜：

不確定的答案就用猜的，因為聽力測驗是一翻兩瞪眼的，不要因為思考或慌張而打斷自己的專注力，保持快一步先看題目的節奏。唯一要注意的是，別把對話者的名字和性別搞混。

4. Short Talks簡短獨白

注意獨白主題！每題組開頭會說明獨白的主題，例如是面試、通知或是公告等等，可以預先掌握可能出現的內容。

答題的節奏和前一項一樣，但獨白在內容上相對比較長，資訊也比較多，所以除了快一步先看過題目和選項，還要注意說話者的主題、職業、時間點和場所的關鍵字。

3.&4.答題小技巧：

① 記號法：

聽到答案時先在答案卡上點一下，做個記號，等該題組結束或是累

積到一定數量後，再找空檔回頭將答案卡填滿（題目本不可以做記號）。

② **手指法：**

聽到答案時先用食指、中指和無名指指著題目本上的答案，在進入下一題組前，把3個答案一次畫上答案卡，但是要小心手指的位置跑掉。

以上二種小技巧，可以避免注意力因為畫卡而被中斷。

這樣看下來會發現，畫卡這種小細節也是不能放過的。建議大家將參考書的答案紙另外影印，在模擬考試練習時使用，並限制和考試相同的時間，盡可能讓大腦習慣考試步調。等到正式上場前一天，一定要早一點睡，否則一恍神就容易跳題畫錯格，前功盡棄。

● 多益閱讀準備與考試技巧

閱讀測驗講求的是速度和單字量，單就字面上來看，閱讀速度不是一時半刻可以培養出來的，但可以用一些小技巧來解決，後面會再跟大家詳細解說。而背單字這種無聊枯燥又老派的準備方式，因為巧婦難為無米之炊，除非本身單字量就十分足夠，否則是完全無法替代的。

想要準備閱讀，要從三個步驟下手：

首先是單字量。這個地方有壞消息也有好消息，壞消息是背單字仍是必要的，否則連題目都看不懂，又要怎麼解題呢？好消息是，多

益考試會出現的單字大都局限在商業、工作、社交和一般日常生活領域，可以縮小範圍，針對性的背單字。單字的來源可以從二個方向去準備，其一是從參考書和練習本中，將不熟的單字收集整理；另一種是直接購買類似多益單字600這種針對多益考試的單字書，或是下載免費的相關APP。

其次是文法，這是很多人的罩門，尤其是詞性變化常會把大家搞暈，有時候是因為自己混亂而讓文法變複雜。如果沒有基本文法概念，或是基本概念混亂，建議可以看旋元佑英文文法書，旋老師對於文法自有一套見解，可以幫助讀者釐清文法架構；若是已經有文法概念的人，就建議念AZAR的黑皮或藍皮文法書，裡面有文法解析和大量題目可以練習，對理解文法的深度和熟悉度很有幫助。

最後是閱讀量，當單字量增加，文法的基本概念也弄清楚了以後，就可以讓大腦開始習慣閱讀英文的感覺。剛開始可以從短篇小說或有興趣的外文故事書開始看，培養閱讀感的同時，也不用因為要一直查單字而分心。等慢慢習慣之後，可以從外文報章雜誌著手，如《Time》雜誌、BBC新聞等，閱讀速度不會一蹴可幾，一定是來自大量的練習。

● 多益閱讀測驗考試內容：

5. Incomplete Sentences句子填空

6. Text Completion段落填空

7. Reading Comprehension單雙篇閱讀測驗

考試時間75分鐘，共100題

接下來介紹各項目的考試技巧，請在做模擬試題時一起練習，找出最適合你個人的解題方式。

5. Incomplete Sentences句子填空

主要考時態、片語、詞性、語意和單字。這個部分的題目不長，最快的方式是先大略掃過答案選項，然後看空格的前後字來判斷。要是真的不行，整句掃過就好，不用逐字了解。單字量不多的人容易看不懂題目，此時可以由字尾分析詞性，再根據主、動詞時態來判斷答案。這招很好用，雖然不是所有單字都有規律性，但總比瞎猜來得好。例如名詞結尾：-ion、-ism、-ment、-ness等，形容詞結尾：-ble、-ful、-ive、 ous等，副詞結尾：-ly、-wise、-ward等，動詞結尾：-en、-ify、-ize等。

6. Text Completion段落填空

主要考語意、單字和時態，這個部分是段落短文，通常一則短文

會對應3題。因為題目相對比較長，所以在看過答案選項後，可以放大到看空格的前後句來判斷答案。同樣的，如果還是沒辦法理解，就大略掃過整段來找出更多資訊。

5.&6.答題小技巧：

① 只看重點：

雖然題目長度不同，但不需要把題目都看完，尤其是句子填空，會有比較多關於詞性和時態的題目，只要根據主詞和動詞的時態就能找出答案。

② 刪去法：

一看就知道不正確的答案，請快速捨棄它，只要能從25％的正確機率上升至50％，是不是就有種簡單多了的感覺呢？

③ 猜個有緣的答案：

5.&6.共52題，如果想要有充裕的時間來完成最後的閱讀部分，那麼一題平均只有20到30秒可以用，所以看不懂題目就趕快猜個有緣的答案。能在25分鐘內完成的話，最後的單雙篇閱讀每題就可以有大約1分鐘的時間來完成。

7.Reading Comprehension單雙篇閱讀測驗

① 先看題目再看文章：

大部分的人應該都會用這個方式來攻略閱讀測驗，先看過題目和

答案選項，再回到文章裡找答案。好處是不需要把文章看完，能節省答題時間，也不會被多餘的資訊混淆。

② 直接看完文章：

英文程度夠好的人，對文章理解力高，就可以用這種方式，好處是對於文章有完整的理解，能避開陷阱題。

不管是用哪一種方法，都要仔細看清楚每篇開頭說明的是哪一種文章，例如：Article、E-mail、Invitation等，至少能對於接下來可能出現的內容有個初步概念。每個段落的開頭二句也是幫助快速找到答案的關鍵，可以藉此猜測該段可能出現的主題為何。

摒除英文程度本身就非常好的人不談，閱讀考試想要拿到高分，努力練習題目、背單字、熟悉各大題的解題技巧是缺一不可的。如果真的來不及把該有的程度準備上來，那麼就戰術上來說，預留越多時間給單雙篇閱讀越好，因為這個部分是可以找到正確答案，確保拿到分數的。

● 各英文檢定考試分數對比

各家英文檢定考試彼此之間的英文成績，並沒有固定的對照公式或規則做為比較，一般大家看到的英文成績對照表，都是各企業單位根據公司內部需求自行判斷而訂。根據國籍航空公司要求的應試資

格，我整理出下列對照表，讓大家了解，除了最常見的多益以外，還可以依個人需求去準備哪些考試。

多益 TOEIC	領思 Linguaskill	托福 IBT/ITP	雅思IELTS	BULATS
500以上	140以上	45以上/450以上	4.0以上	40以上
550以上	140以上	57以上/457以上	4.0以上	40以上
600以上	145以上	64以上/480以上	4.5以上	45以上
650以上	150以上	70以上/525以上	5.0以上	50以上

＊對比分數每年略有變動，請以各公司招考資訊為主
註：IBT：網路化測驗、ITP：紙筆型態測驗

書面文件

　　要報考各家航空公司，依照規定會有一些文件和證明需要繳交查驗，不管在招考簡章上有沒有特別提到，建議大家正本與副本都要帶著。一般來說正本供查驗，副本讓對方收走。

　　以下是報考國籍航空公司需要準備的書面文件：

① 最高學歷畢業證書：

　　依大多數國籍航空公司規定，要取得教育部認可國內外大專或大學以上學歷。持國外畢業證書者，需要經過駐外機構認證並附上成績單；持大陸學歷者，需備有教育部相當學歷證明、畢業證書與在校各學期成績單等文件。

② 歷年成績單：

　　不論是應屆或已畢業，都要申請歷年成績單，除了在校各學期的學業成績外，也必須包含操行成績。另外，應屆畢業生則需要準備學生證。

③ 護照：

　　若是報考國籍航空公司，都是錄取後才需要繳交護照資料。但是報考外商航空則要在面試時繳交，還沒有申辦護照的人，記得要在面

試前提早辦理喔！

④ 身分證件：

　　身分證是用來查驗身分，所以每次面試都一定要帶在身上喔！

⑤ 語文檢定：

　　依照不同航空公司，分數標準有所不同。以多益為例，應試者只需要出示成績單查驗，不需要另外申請證書。

⑥ 第三外語能力證明：

　　如果航空公司有特別註明，具備日語、韓語等第三外語者優先錄取，那麼一定要記得繳交相關的檢定證明，以免錯失大加分的好機會。

⑦ 應試通知信：

　　如果航空公司有寄發初、複試通知單，請大家也要列印出來，面試當天攜帶前往應試。

⑧ 專業執照：

　　以華航為例，會在應試人員表格上詢問考生是否具有護理師執照。所以如果具備專業執照也可以攜帶繳交。如果具備如心肺復甦術

（CPR）、基本救命術（BLS）等急救證照，也可以主動附上。不過不管有沒有急救證照，錄取後都需要再重新受訓。

◆另外，男性應試者需要攜帶退伍令、除役、免役或待退等相關證明文件。

準備這些必要文件時，千萬要確認再確認，萬一漏掉了，是很有可能在面試時當場就被請出場的喔！航空公司把應考資格和要求，都清楚寫在簡章和通知單上，如果連這麼基本的準備資料都會出錯，那航空公司當然不會想用你。

Part 2 ✈

製作出色的履歷表，
獲得面試的入場券

履歷表的目的

　　航空公司現在報名的流程都很簡單，大多數只要上網將需要的基本資料填妥即可完成報名，只有少數需要紙本寄送方式。往往大家在填寫航空公司面試履歷自傳時，都會碰到一些問題，因此在按下「送出」鍵之前，一定要先了解有哪些是該要注意的事項，才能讓自己可以順利通過第一關篩選，進而取得面試的門票喔！

　　航空公司習慣用履歷表作為篩選應試者的第一個步驟，這也就是為什麼報考時要格外用心設計一份出色履歷表的原因，畢竟在短短的時間與篇幅內，就要把自己的人格特質、專長專業和優點展現出來，才能取得前往航空公司參加面試的機會。所以履歷表可以說是參加面試的一把金鑰，也是面試官在還沒有看到應徵的人選之前，對大家的第一印象。如何寫好一份亮眼的履歷，就是最重要的功課之一。

　　多位人力資源專家都認為，履歷表是一份「推銷自己的廣告文案」，而非「產品規格說明書」，但是多數人在履歷自傳中，只列出了自己是什麼，而非能提供公司什麼好處。所以重點應該放在你的獨特性和與眾不同之處，去說服面試官，勾起他們想要選你的欲望。

舉例來說，例如：「我是大學學士、畢業於某某大學，主修西洋文學，專長是中英翻譯……」

　　很多人在寫履歷的時候，會把自己當成是產品規格來寫，這樣子的寫法會顯得呆板、枯燥乏味。更好的撰寫方式，就是把自己當成是產品，而履歷表就是你的廣告和銷售文宣品，把自己最好的一面呈現出來，透過包裝美化優點，把自己行銷出去，讓人資部門的面試官可以從千萬份履歷表中選到你。

　　假設你有語言專長，就應該要告訴主面試官你的能力或實際成績，例如：我擁有多益895分的證照、大學曾擔任國慶禮賓大使、臺北國際電腦展中英文口譯員……。

　　曾經參加過的活動和擁有的證照會說話，在履歷自傳中提出實際成績，就是最有力的佐證。

動筆之前先做功課

　　準備好動手寫履歷後，千萬不要想到什麼就寫什麼，這樣很容易發生邏輯不清楚或內容有所遺漏的狀況。最好的方法是先把架構和撰寫的策略制定出來，再進行書寫的部分，所以動筆前要先考慮到以下幾點，幫助我們完成一份專業的履歷表。

①基本資料簡單明瞭，自傳通順流暢。

　　根據人資專家與人力銀行的統計，通常企業主只會花30秒（甚至更少）左右的時間，來閱讀一份履歷表。所以一定要精簡扼要，不要把其他無關的事情都寫在裡面。將你所要表達或展示的內容，圍繞在你所要應徵的職務上即可。其他對空服或地勤不相干的資訊，就請省略掉它們吧！

　　再來就是中、英文自傳，自傳就是履歷表的補充說明書，用來補充說明那些在履歷中沒有辦法解釋的部分，面試官可以從自傳中得知求職者的「邏輯」、「表達能力」和「思考模式」的程度。

　　自傳也可以用來展現自身優異的特殊應徵條件，所以要懂得如何「揚善藏拙」，說出自己最好與最適合這份工作的一面，負面的資訊

就不要去提及，好讓自己擁有最大的優勢。

另外，在自傳中添增「故事」也有加分作用。如果能舉出一、兩個自身經驗的小故事，會讓面試官印象更加深刻。例如：在工作或學校曾主辦過什麼活動？在過程中遇到哪些困難挫折，運用本身的能力或團隊成員間的合作來解決克服……，這樣具體的說明，會比光寫：「我具有團隊合作的能力」來得更有說服力，也可以為這份履歷表增添一些溫度。

②為什麼航空公司要面試你？

很多人在寫履歷的時候，喜歡將所有的豐功偉業都寫上去，恨不得乾脆將自己從小到大得到的獎狀全部都附上去。但是，真的不需要這樣做，不如先搞懂航空公司要的是什麼，只需要抓住三個重點就可以：

● **差異性：**

和別人不同的專長、優勢與能力，舉出你有但是別人沒有的地方，如：證照、作品、外語能力、畢業科系等。

● **獨特性：**

列出你的人格特質，或是別人沒有的特殊經驗或工作經歷，例如：處事態度、人際關係、特殊工作、與眾不同的旅遊經驗等。

● **未來性：**

將前面兩者的內容，說明未來將會如何落實在空服與地勤的工作

當中，例如：你異於常人的細心度，將如何運用在旅客服務上。

　　以上這三個重點，可以幫助你找出和其他應徵者的不同，讓面試官可以知道你是個很棒的人才。總而言之，就是要說服航空公司與面試官們，為什麼要選擇錄用你。

③認識公司，認識工作。

　　「知己知彼，百戰百勝」，在寫履歷之前，一定要先做好基本功課，我們可以先了解關於航空公司的以下內容：

● 公司企業方面：
　　經營理念、組織文化、競爭對手、主要航線、行銷策略、最新消息。

● 應徵職務方面：
　　職務工作內容、應徵資格要求、工作型態。

　　在航空公司的官網或臉書粉絲團，都可以搜尋到以上資料，日後準備面試的考題問答時也會派上用場，所以一開始就可以收集資訊，讓面試的準備工作更有效率。

　　每家航空公司的企業文化都有不同之處，我們在應徵不同航空公司時，也要先瞭解一下這些面試官們的口味和喜好為何。

　　這些資訊，只要細心一點就可以從航空公司的徵才廣告中找到不同處。例如：華航某年希望徵選的空服員為「會說故事的人」；長榮

航空對空服員的首要訓則為「Safety and Service」。一定要先了解自己的特質是什麼，再和航空公司的需求做結合，這樣寫出來的履歷才會對面試官的胃口，也會增加自己錄取的機率。

如果身邊剛好有人從事航空業或空服員，不妨做個簡單的訪問，詢問他們工作內容或是與同事相處的相關問題，可以增加你對這份工作的熟悉度；網路上也有許多空服員和地勤人員，會在部落格或粉絲團分享自己的工作心得，這些地方都可以獲得許多寶貴的資訊。

完美履歷表黃金八式

　　國籍航空幾乎都有自己的制式履歷表，只要按照上面要求的資訊填入就好。但是外商航空多半需要自己製作履歷表（Resume/CV），面試時也會以這份履歷表為面試問題的依據，因此製作一份專業履歷表就顯得相當重要。

　　在視覺設計方面，為了讓主面試官方便閱讀，要特別注意履歷表的一致性與專業感，以下是打造黃金完美履歷表的八個方式：

①**履歷格式**：上、下、左、右的邊界應要留有足夠的空白，行距可用1.5倍，避免造成壓迫感。

②**紙張選用**：A4尺寸，可以選用較有質感的高磅數紙張印出。

③**內容頁數**：履歷表以1到2頁為主，加上自傳、Cover letter（求職信）的部分共3頁即可。

④**字型大小**：內文部分使用12的字體大小，標題可用14作為區隔。

⑤**字型樣式**：整份履歷表宜採用單一種字體，視覺上會比較統一。

⑥**字體粗細**：內容使用一般字體即可，如需強調的副標，可以使用粗體。

⑦**字體顏色**：除非有另外附上圖表的部分，可以使用彩色，否則使用黑色即可。

⑧**內容用語**：不能有錯別字、注音文、簡體字或是火星文的用法。

履歷表這樣寫

　　履歷表盡量以條列式呈現，這樣會增加面試官審核閱讀的方便性，看起來也比較乾淨舒服。一般的履歷表架構，可以分成七項：

① 應徵項目：

　　需要包含應徵的部門和職稱。如果是要應徵空服員，可以在「應徵職別／申請職位」處寫上「空服員」或「客艙組員」。

② 個人資料：

　　基本資料有姓名、聯絡電話、聯絡地址、電子信箱、年齡、性別、身高、體重、血型、身分證字號、兵役狀況、婚姻狀況等。航空公司多半會以Email或簡訊來通知應試者參加面試的時間與地點，所以聯絡電話與電子信箱一定要填寫，以便人資部門可以迅速聯絡到你。

③ 教育程度：

　　從最高的學歷開始依序填寫，註明學校名稱、科系別、在學期間、畢肄業，建議只需要寫最高與次高的學歷就好，如果是海外學歷，需要先經過駐外機構認證。如果有遊學或雙主修、輔系等，也可以註記在後面。

④ 工作經歷：

　　一樣是由近至遠撰寫工作經歷，應附上服務單位、職位、工作內

容、任職期間、離職原因等。如果工作經驗在十年之內，建議放最近三份工作經歷即可，如有相關的工作經驗也建議寫進來，會比較容易在面試中產生求職工作的相關連結。如果是應屆畢業生，還沒有正式的工作經驗，打工、實習、志工等經歷也可以寫上去。

⑤ 能力專長：

可以將求職者所擁有的證書、證照或專業能力附在這個項目中。國籍航空公司應徵空服員時，大都對英文會有基本的門檻，此項目應附上英文或第二外語檢定成績，如：多益、托福、雅思、劍橋博思等；另外，有急救或護理相關證明也可以附上。如果應徵地勤職缺，除了外語檢定，若是具備中、英打字證照或航空訂位證照也可以一併附上。

⑥ 其他補充資料：

前面提過，製作履歷表時，要考慮到個人的獨特性與差異性，還有各家航空公司文化體系的不同來進行客製化，比較能夠脫穎而出。所以在這個部分，可以補充一些航空公司面試官有興趣的資訊，如：有過特別的旅遊經驗、特殊的服務經驗、獲獎記錄或得獎作品等。

⑦ 照片：

照片大部分貼在履歷表右上方，格式以身分證或護照格式的彩色大頭照為主，不建議用學士照。最好是三個月內脫帽、正面、帶有笑容為佳，不宜配戴誇張的飾品或有框眼鏡。照片中的穿著打扮，以

營造專業的形象為主，男生可以穿著西裝領帶，女生可以穿襯衫或套裝，頭髮不一定要綁包頭，梳理整齊塞耳後即可。不管男生、女生，一定要化妝，讓自己的氣色看起來更好、更有精神。

中文履歷格式：

履 歷 表
PERSONAL INFORMATION

應徵工作			
部門、職稱	希 望 待 遇	希 望 工 作 地 點	

一. 個人資料				

姓名		男 ☐ 女 ☐	出生地	出生日期
身分證字號		血型	身高	體重

☐未婚 ☐已婚 ☐離婚　駕照種類　☐汽車(☐大客車　☐大貨車　☐小客車)　☐機車

現 在 住 址		電話
戶 籍 住 址		電話
緊急聯絡人		電話

二. 教育程度					
學位	學 校 名 稱	科 系 所	自	至	地　點

三.家庭狀況

關係	姓名	年齡	職業	關係	姓名	年齡	職業

四.工作經驗

公司	部門	職務	工作說明	起訖時間

五.語文能力

語文	讀	寫	說	聽	備註

六、職業考試、證照

名稱	號碼/日期	備註

七、其他說明

	簽名	

中英自傳重點詳解

　　自傳除了會成為面試中主面試官發問的依據外，整個面試流程中最後綜合評估的關卡中，自傳也會列為篩選評核的資料之一，因此在履歷表中也占了相當重要的地位。

　　自傳可以補充履歷表中沒有辦法詳細說明之處，也等同是自我廣告中的文案內容一樣，重要性不言而喻。航空面試常會要求應試者繳交中英文自傳，主面試官在應試過程中，也會直接拿應試者的自傳來發問，所以從排版到內容設計，撰寫時要先把握以下七大原則：

　　①字數限制會依照各航空公司的規定不同，大多是中文500到600字，英文1000到1500字元（含空白），內容以一張A4為限，不需重複描寫履歷表上寫過的個人資料。

　　②將最重要的資訊或經歷放在最前段，請在閱讀的「黃金七秒」內，就讓面試官找到自傳吸睛的關鍵字及重點，將自己的特色表現出來，讓他會想要繼續看下去，以增加獲得面試的機會。

　　③不可出現錯別字、網路用語，或是文法與用字上的錯誤。

　　④標點符號需使用正確，文句通暢、段落保持邏輯性，陳述經歷

時要符合時間順序。

⑤若需同時繳交中英文版本的自傳時，主要的經歷與大意可以撰寫相同的內容，亦可依照個人狀況做些微的調整。請勿直接將中文的部分完全翻譯成英文，以免出現中式英文的內容或寫法。

⑥提及人格特質、優點專長與個人經驗時，與其空洞的使用「有團隊合作能力」、「樂觀助人」等形容詞帶過，最好能夠以明確的實例舉證，會更有說服力。

⑦在自傳的最後，可真誠表達對這份工作的熱忱與強烈的求職動機，並表示能前往參加面試的期盼。

出手就命中的自傳格式

　　大家想一想，在一張簡短的自傳中，要如何向面試官傳達自己的經歷、能力以及所有一切的菁華呢？

　　自傳的內容＝發生在自己身上的事實＋推銷自己的修飾文句＋航空公司的需求偏好

　　自傳中要告訴航空公司「我就是你要的人」，所以在寫自傳時，腦中要先秉持著這個立場，文字要繞著這個目標來撰寫，基本的自傳結構可以分成三段。

● 第一段：人格特質、基礎能力、專業證書、家庭成長背景。

　　一開始要趕快找出自己與他人不同之處，讓面試官對你有破冰的記憶點。你可以將自己的能力或與眾不同之處寫出來，如：「除了英文以外，我還有法文和日文的語文檢定」。先舉出你和其他應徵者的差異性，讓主面試官可以繼續往下找出你更多的優點。如要提及人格特質的部分，也請用實際發生的經驗來佐證，有故事性的文字較會吸引面試官的目光停留。

- 第二段：工作經驗、求學經驗、相關經歷。

　　接下來是最重要的本文，這邊要舉出一些實際的例子，來描述在履歷表中沒有辦法可以具體展現的資料。如果是舉工作經驗的話，要能夠說明在之前的工作中，學習到什麼能力與經驗，如：「上一份飯店櫃檯的工作經驗，讓我瞭解到一個好的顧客服務流程，不只是提供旅客他們眼前所需要的而已，而是要考慮到更多，提供他們還沒有想到的需求……」

　　如果是應屆畢業，沒有正式工作經驗者，可以用求學經驗為例，試著舉出社團或課外活動中，你的領導能力或企畫活動的能力。如果有特殊的旅遊經驗，可以描述當次的旅遊體驗與航空業的連結，這樣子在面試回答時，可以產生更多相關的連結，更能展現優勢。

- 第三段：求職目標、強調適性、未來發展。

　　延續前面兩段的內容，再次的證明你是航空公司需要渴求的人才，在面試中也常考「為什麼會想要加入我們航空公司」或是「為什麼會想要來當空服員」，在這一段都可以詳細描述自己的目的，讓面試官主動想要邀請你來參加面試。

　　新鮮人也可以多表達個人企圖心、抗壓性與學習精神，例如勤奮、積極、樂於學習等。並懇請主面試官給予面試機會，例如：我願

意不斷學習，若有機會加入貴航空公司，將不斷充實專業知識，並會向同事、主管請益，懇請給予面試機會。

　　求職者一定要將自己本身的能力條件，與空服員或地勤人員做相關連結，也可以凸顯自己未來發展的潛力。

英文履歷與求職信

外商航空在招考空服員的時候，會在公開招考日（Open Day）或線上申請面試邀請的登錄時，請大家攜帶或上傳英文版本履歷。對臺灣求職者來說，英文履歷比較少用，在寫法上也比較不熟悉，以下提供基本的型式，讓大家能夠有基礎的撰寫概念。

● 英文履歷（Resume/CV）

最能夠一眼就看懂的履歷表，就是以「條列式」的方式來呈現，這樣主面試官能夠就各項目，清楚了解你的特色和與別人不同的地方，也可以馬上找出你的能力與經驗，是不是公司想要的人才。在設計時，可以把握幾個原則和技巧，讓自己的履歷表能夠更為出色。

① 完整的聯絡資訊：

外商航空在聯絡應試者時，常用Email與行動電話來通知面試資訊，所以一定要填寫可以立即找到你的聯絡資訊。在版面安排上，也要讓外商主面試官容易閱讀，很快就找到你的聯絡方式。

② 易讀的版面內容：

請勿使用太過花俏的版面或是過多的色彩，選用常見的字型，會讓版面看起來容易閱讀。在內文中留下適當的留白空間，也會讓整份

履歷表看起來更為專業。

③ 事件時間排序：

在撰寫每一項事件時，記得要先從近期發生的開始寫，排在最前面的地方，之後按照時間發生的順序再安排下去，才不會讓主面試官有時空錯亂的錯覺發生。

④ 選擇重點關鍵字：

在動手寫履歷之前，可以參考各家外商航空公司的徵才廣告，當中都會有對於空服員要求的條件或期望，就可以將這些關鍵字，放在自己的履歷中，讓履歷看起來能夠和公司職缺的要求更加符合。

英文履歷範本：

Yi-Wen Chen

Home: 02-2888-1234   Cell: 0932-555-123
E-mail: yiwenchen@gmail.com

OBJECTIVE:
Caring and service-oriented individual seeking a position as a Flight Attendant with Singapore Airlines.

PERSONAL DATA:
Date of Birthday: 11th April, 1995

Nationality / Passport No: Taiwan / 234789456

Height / Weight: 166 cm / 53 kg

High-energy, positive team player with an excellent work ethic, flexible and dependable

Glad to travel, available with minimal notice, and known for thriving under high-pressure

EDUCATION:
Sep. 2015 - Jun. 2019 **National Taiwan University**, Taipei, Taiwan B.A. in Marketing Management

Sep. 2013 - Jun. 2015 **Waipei Jingmei Girl High School**, Taipei, Taiwan

WORK EXPERIENCE:
Aug. 2020 - Now   **Path Technology Corporation**   Salesperson
- Provide innovative proposals for new products, showcasing market trends and customer preferences.
- Communicate effectively with clients, addressing inquiries and maintaining positive business relationships.
- Manage Taiwanese and European business partnerships for smooth operations and successful

collaboration.Jan. 2016 - Sep. 2019 **The Westin Taipei**   Bartender
- Deliver exceptional customer service by promptly serving patrons, ensuring a friendly approach.
- Maintain cleanliness and organization of the bar area, creating a hygienic and welcoming environment.
- Cultivate a warm and inviting atmosphere, engaging in conversations with customers.

EXTRACURRICULAR ACTIVITIES:
Sep. 2013 - Apr. 2014 **Student Union**   Chairman
- Managed membership and events
- Promoted student workshops

QUALIFICATIONS AND SKILLS:
- A friendly personality, neat appearance and a pleasant manner
- Passion for working with people; proven commitment to providing superior service
- TOEIC 910 (2014) & JLPT N1 (2015)
- CPR Certificate

REFERENCES:
Available Upon Request

● 求職信（Cover Letter）

常常聽到別人在討論：「到底什麼是Cover Letter啊？格式要怎麼樣做才對？」其實「Cover Letter」就是求職信，是一份信件格式的文件，信中就是要告訴面試官的自我介紹，內容主要是簡單說明你為何對空服員的工作有興趣、求職目的、你的專長，還有對於進來公司的自我期待與規畫。在報名申請外商航空公司時，除了英文履歷，同時也要附上一封求職信。

一封好的求職信，能夠展現你的求職態度、表達能力與邏輯能力，從另外一方面來看，求職信就是將履歷表中列舉的項目，用文字敘述的方式來貫穿成一篇文章。通常在表達時，會用主動的方式來說明，自己如何可以勝任一位專業的空服員。

一封完整的求職信，通常會分成四段，各段內容如下：

①開頭招呼語與應徵的職缺；

②寫信的動機、理由與目的；

③簡單介紹自己的經歷與適合當空服員的原因，說明為何你是最佳人選；

④期待可以收到面試通知與感謝語。

英文求職信範本：

4F., No.22, Zhongxiao E Rd.,
Taipei City, Taiwan (R.O.C.) 110
28 March,2023
Phone:0923456789

Dear Sirs/Madams:

I am writing to express my strong interest in the Flight Attendant position at Qatar Airways. With my diverse background in nursing and education, along with my passion for delivering exceptional customer experiences, I believe I am well-suited to contribute to the renowned service of Qatar Airways.

As a nurse with experience in providing prompt and accurate medical services, including CPR and first aid, I have developed a keen eye for detail and a strong sense of responsibility. I am well-versed in maintaining patient safety and have effectively communicated and collaborated with healthcare teams to ensure successful patient care. These skills have honed my ability to handle challenging situations calmly and professionally, making me well-equipped to ensure the safety and well-being of passengers on board.

In addition, I have also excelled as a kindergarten teacher, where I gained valuable experience in conveying information clearly and effectively while considering the needs and opinions of others. I am adept at creating engaging presentations and have the ability to adapt to different environments, which will be invaluable in delivering exceptional in-flight services and addressing the diverse needs of passengers from various backgrounds.

With a strong focus on customer satisfaction, safety, and teamwork, I am confident that I can contribute to the outstanding service that Qatar Airways is renowned for. I am excited about the opportunity to join your team and contribute my skills and passion to create memorable experiences for passengers.

Thank you for considering my application. I would appreciate the opportunity to further discuss how my qualifications align with the Flight Attendant position at Qatar Airways. I look forward to the possibility of meeting with you soon.

Sincerely,

Very truly yours,
Chen, Yi-Wen

千萬別踩的十大履歷自傳地雷

相信大部分的人都知道「魔鬼就藏在細節中」的道理，履歷表就是你個人的反射，只要出現一點小小的錯誤，也可能會被放大投射在求職者身上，所以下列的十大忌諱，千萬不要出現在履歷表中。

① 經歷能力造假不實：

「誠信」是所有公司最注重的條件之一，千萬不能為了要獲得面試的機會，或是讓自己的學經歷更好看，去造假自己寫在履歷表上的內容，甚至語文檢定成績等。參加面試時，首先會查驗應試者的文件是否屬實，面試官的經驗相當豐富，要是當場揭穿，不只信用破產，無法繼續面試下去，也可能被列為黑名單，不能再參加這家航空公司日後的其他面試。

② 內容前後矛盾：

有些人寫自傳的時候，會有前後不一的狀況發生，例如：「我是個樂觀開朗的人，平時喜歡幫助弱勢者，但有時候碰到一些挫折時，會有點悲觀……」這樣子前後不一的人格特質，會讓面試官搞不清楚

你到底是哪一種人，進而導致其他內容的可信度也會被大打折扣。

③ 並非族譜或是家族史：

在自傳的部分，除非你的家人在你的經歷或能力培養過程舉足輕重，或是對應徵航空業的工作有深厚影響，否則父母親與兄弟姊妹的工作及家庭成長環境等，都不需要特別去提起。

④ 用字錯誤與錯別字：

在一份重要文件中看到錯別字，會使這份文件的可信度大打折扣。履歷也是如此，文字的使用錯誤也會讓面試官認為你可能是個「粗心大意的員工」，對航空業來說，細心、謹慎是基本要求。

⑤ 態度抱怨或過於負面：

履歷表上提及離職原因時，切勿抱怨之前的雇主，或是責備前任同事或下屬，應當用正面表述為佳。當被問到是否應徵過相關職務、是否被錄取時，也切勿抱怨自己懷才不遇，這樣只會讓主面試官認為是否能力不佳，或是人格特質有問題。

⑥ 文字太過於口語化：

現在人因為使用網路社群的機會太多，文字表達能力已經大不如

前，常會看到網路用語出現在自傳履歷中，例如：「哈哈，我曾經在某飯店擔任櫃臺經理喔ＸＤ」這樣的網路用語擺進自傳中，會讓主面試官覺得不夠尊重這場面試。

⑦ 暴露過多個人缺點：

履歷自傳應是將自己行銷出去的工具，目的是為了讓自己脫穎而出，並非暴露自己的缺點。過度自曝其短，只會讓自己在面試中陷入不利的地位，還是要懂得「揚善藏拙」為宜。

⑧ 字數內容過多：

過多的字數會增加閱讀負擔，也會讓履歷自傳顯得沒有重點。一般航空公司的自傳，中文字數應該控制在500到600字，以一頁A4為主，如有要求先將自傳上傳到網站系統，也會在徵才廣告上告知字數限制。

⑨ 資料欄位留下空白：

所有在履歷表中的欄位，應該都要確實填寫，不要留下空白。如果沒有合適的選項，也請填上「無」，才不會增加篩選作業的困難度，或是讓面試官認為你想逃避問題。

⑩ **履歷表簡陋或有污損：**

　　切勿使用市面上買得到的現成履歷表，因為那些文件多半過於簡陋，也會讓公司覺得你缺乏誠意。最好能夠自己製作，紙面也應該要保持乾淨，面試官閱讀時才會有好的第一印象，不要有過多塗改的地方，或是茶水等污漬。

Part 3

無懈可擊的自我介紹，
積極主動出擊

自我介紹的目的

　　空服員的面試中，一定要準備自我介紹。也許你會感到疑惑，履歷表和自傳裡不是都已經寫得很清楚了嗎？面試時為什麼還要再自我介紹呢？請記住！自我介紹除了是最常考的考題，也是我們可以事先做好準備的部分，所以千萬要把握可以準備的工作。當面試官提出請你自我介紹的要求時，他們想聽的絕對不只是自我介紹的內容而已，另外還會觀察以下這些重點：

一、觀察第一印象

　　面試官與應試者通常是第一次見面，透過自我介紹，可以讓面試官快速掌握相關的背景資料，對應試者也能有第一印象的了解，幫助面試官評估是否適任。而接下來應試者會碰到的面試問題，也常常會從自我介紹中開始延伸。

　　所以說自我介紹就像是把寫好的題目呈獻給面試官，應試者自我介紹之後，面試官再從中丟出面試考題。所以一個好的自我介紹，將會決定面試大部分的結果，有些應試者就是靠著具創意又有個人特色的自我介紹，讓面試官印象深刻而考上。

二、觀察面試者的口語表達能力與邏輯反應能力

　　航空業最重視團隊合作，每個人都要具備良好的溝通和理解能力。在飛機上服務時，要是無法與其他組員維持良好的溝通，在工作上就會出現許多問題。面試中要是在連自己最熟悉的自我介紹都沒辦法掌握好，那麼面試官也會認為你在受訓或執勤時，也許會造成團隊的困擾。

三、觀察是否會怯場，害怕與陌生人親近

　　每趟航班除了常客外，空服員服務到的旅客幾乎都是第一次見面的陌生人。從登機開始的親切問候到機上餐飲服務，都要主動積極與旅客互動。如果自己的個性太過害羞或緊張，連最基本的自我介紹都無法向面試官完整呈現，那麼未來該如何面對服務上百名乘客的工作狀況呢？

四、能否了解面試官的指示，以及對時間的掌控

　　在空服考試中，因為參加人數眾多，每一組的面試時間也可能會不盡相同。面試官也可以從中看出應試者對時間與指令的掌控度，所以在面試當下一定要聽懂面試官所下的指示，像是要求用中文或英文做自我介紹？時間限制是1分鐘或30秒就要結束？考生一定要在時間

內完成，才不會造成面試官的困擾。

五、是否與提供的資料相符

　　面試官可以透過觀察應試者的自我介紹內容，來印證與所繳交的自傳履歷是否有所出入，如果是假造的經歷或資料，很可能在自我介紹中就不打自招。千萬要記住！「誠信」是所有航空公司對空服員的第一要求。

履歷與自我介紹大不同

　　準備一份好的履歷表和自我介紹在航空面試中是重要的基本功，也會直接影響是否能順利的進入下一關，要特別留意在準備航空面試中的自我介紹和履歷時，有三個最大的不同之處。

一、時間排序不同

　　履歷為了要讓面試官在短時間內找到最近一份工作經歷或求學經驗來發問，所以撰寫時會由近至遠，先寫最近發生的經歷，再往回回溯。

　　但是在自我介紹時，要考慮到面試官是用聽的，因此我們在表達時就需要敘述先發生的事件，讓面試官有時間順序的依據，這樣會比較容易理解。先講求學或實習的經歷，再提到出社會正式工作的經歷，才不會造成時間混亂的錯覺。

二、視覺與聽覺不同

　　履歷是白紙黑字呈現在紙張上面，面試官只能用視覺（單一感官）閱讀你的資料，而不是面對面最直接的感受。而面試中的自我介紹時，除了視覺上可以看到應試者的表現以外，還有聽覺上（多重感

官）的刺激，能讓面試官更了解你。

　　所以在面試時，除了有要像空服員般的專業儀容外，自我介紹時若能結合悅耳的語調和豐富的內容，搭配自然流暢的臨場發揮，一定會更加吸引面試官喔！

三、單一與雙向不同

　　履歷是單一方向的呈現，不會有互動的狀況發生，面試官只能靠你寫的資料去評估，應試者也沒有機會可以詳細描述或解釋自己的經歷。

　　但面試時就是在進行一問一答的雙向溝通，面試官聽完應試者的自我介紹後，可以主動發問來驗證履歷上所填的資料，再去判斷是否真實，同時也考驗應試者在面對提問時的表現是否得宜，以及能否完整表達出自己所寫的經歷。

三招讓你脫穎而出

　　有太多人問過我，要如何設計一段好的自我介紹，大多數想考空服的人都認為這是最困難的地方之一。我會直接提醒他們，「自我介紹」是進去考場之前，唯一一樣你可以主動掌握、在家事先準備好的部分。而且在臺灣國籍航空考試中，多半在自我介紹後，被問不到三個問題就結束面試了，整個面試過程的速度實在超乎大家想像的快。

　　如果履歷是一個人的濃縮文件，那麼自我介紹便是履歷再濃縮過的菁華了！那麼，要如何設計一個吸引人的完美自我介紹呢？

一、簡單的開場白

　　開始自我介紹時，禮貌上做個簡單的開場白，先向所有面試人員示意，再開始進行。

二、破冰與加深印象

　　這個時候要運用一些自己的創意來設計開場破冰，先加深面試官們對你的印象，並引起興趣和好奇心，讓他們想要聽接下來的自我介紹，以下有幾種方法：

●有些人會以自己最喜歡的金句名言或座右銘來開場，如果是你一直以來勉勵自己和奉行的原則，在描述原因的過程中，面試官可以從話語中感受到應試者的感情與信念，甚至產生同理心，相對的也會想要繼續聽你說下去。

●有些人會用其他語言，如：日語、韓語或是泰文來打招呼，吸引面試官的注意力，無形中也展現一下自己會其他外語的能力。

●舉特別的具體數字來開場，如：「大學4年之間，我曾經當背包客，橫跨了歐亞美三大洲，去過了10個國家，期間累積了超過200位在旅途中認識的新朋友，他們每個人在照片上都為我寫下一段祝福的話……」

相信面試官們在聽完你的自我介紹之後，都會對你印象深刻，並且有滿腦子的問題想要問你。

三、留下記憶點

空服員的面試一整天下來，每位面試官都需要面試數百位應試者，面試結束後，很可能不記得之前看過的應試人員，他們的特色與條件到底是什麼，所以在自我介紹中，試著先營造出自己的記憶點吧！可以是曾經發生在自己身上的特殊經歷，或是曾經任職過的公司

與完成的工作，都可以拿來設計成自己記憶點的梗與素材。

例如：「我曾經一個人去歐洲當背包客旅行一個月，因為想要體驗跟當地人一起生活，所以就上網尋找提供沙發讓旅人過夜的家庭，也就這樣在二十幾張不同的沙發上，度過了與不同城市邂逅的夜晚。最大的收穫除了帶回來滿身的腰痠背痛、回臺灣看了一個月的整骨療程外，也讓這些外國朋友能在聊天的過程中，重新真正認識臺灣。」

或你也可以說：「我在某某飯店的中餐廳擔任領班一年半的時間裡，帶領同仁服務超過50場以上的餐宴。從3、40人至200人以上的宴席，每次我都會提前30分鐘準備服務用品、瀏覽訂席資料，接著向同仁簡報注意事項及服務流程。每一場我都是這樣準備，如此才能夠確保工作順利進行。席間除了注意同事的工作狀況以外，也要留意出餐時間的掌握以及客人用餐的滿意度，因此培養了觀察力以及組織邏輯能力。」

像這樣的自我介紹，除了提出了與眾不同的經驗，也可以迅速引起面試官的興趣，進而對你提出問題。而這些問題的答案，也是我們可以事先想到的，因此在準備上應該會更有把握。面試官也可以透過自我介紹的過程，更了解每個人的個性、態度及表達能力等特質。

不可觸犯的自我介紹禁忌

「我來自一個小康的家庭，家中有四個成員，父母從小就教導我要以禮待人……」這樣的內容是不是很眼熟呢？

一段好的自我介紹，應該要像是煙火一般燦爛獨特、時間短暫，一下就打中面試官的心，令他們回味無窮、難以忘懷。然而大部分的人都不太會特別去設計自己自我介紹的橋段，大多普通而缺少個人特色，相似度高，無法引起面試官的興趣。

很多人都非常害怕自我介紹，沒想到最能夠在面試前就事先準備好的回答，竟然是大家的夢魘。許多準備空服面試的人不知道該如何設計自我介紹，或是害怕不小心說出不該說的事，踩到了面試地雷，偏偏越害怕的事就越容易發生，所以絕對要克服自己的心魔才行。

簡單來說，自我介紹就是：「在短短一分鐘內，告訴對方你是怎麼樣的一個人？有哪些與眾不同之處？擅長的能力與特色為何？」

一定要當個聰明的面試者，知道要投其所好，並閃開面試官的地雷區。以下是自我介紹時，不可以觸犯的十大禁忌：

禁忌一：重複提起履歷表太過細節的資料

有些人在做自我介紹的時候，會將履歷表中已經填寫過的姓名、身高、體重、年齡、畢業學校等資料全部重複再說一遍，這樣只會讓面試官對你搖搖頭。透過自我介紹，面試官除了可以看出你是怎樣看待自己，還可以看出你的組織與邏輯能力。另外，也有一些面試官喜歡有創意、靈活的應試者，所以在自我介紹中，也可以適時添加一些活潑生動的橋段。

禁忌二：誦經式的背誦

為了避免緊張，許多應試者會在家裡事先練習「自我介紹」，甚至到了倒背如流的地步。當一聽到面試官說：「請你做個簡單的自我介紹。」話還沒說完就像被電到一樣，立刻像個機器人似的，流利背誦著練習已久的自我介紹。但是沒有人喜歡聽到機械式的回答，所以流利到像是錄音機放出來的自我介紹，除了不自然，也會讓面試官覺得缺乏一些溫度。

禁忌三：臉上缺乏笑容

空服員在工作的時候，永遠都是笑容可掬的模樣，於是面試官在挑選空服人員的時候，也會觀察應試者的臉上是否常保笑容。為了不讓

自己在面試時因為太緊張而不小心忘記要保持笑容，所以在家練習的時候，不妨對著鏡子或是用相機錄影，並且時時提醒自己保持笑容。

禁忌四：敘述不實，過於浮誇

有些不誠實的應試者，會虛報自己的經歷，或誇大自己過去的成績，但是在接下來面試官的問答中，萬一被問到自己杜撰的經歷時，很可能就會露餡，當場被拆穿，所以還是不要瞎掰比較好。

禁忌五：老實告知過多缺點

誠實以對，是建立彼此互信過程中非常重要的一環。但是在自我介紹的時候，如果一直老老實實的描述自身缺點，面試官會覺得這位應試者缺乏自信，找不到自己的優點，也會顧慮因為這些缺點而影響工作。所以對於缺點，最好能避重就輕，或告訴面試官這些缺點都在改善中。

禁忌六：內容過多超過時限

每個人都希望可以在自我介紹時，把自己最好的一面展現出來，但是前提是要注意到時間限制。要是超過時間，不只會影響面試官接下來的面試時間分配，還會以為你聽不懂指令，或是個喋喋不休、不

懂得察言觀色的應試者。

禁忌七：批評前公司或主管

　　有些應試者自我介紹時會提到以前的工作狀況，也可能會提到自己離職的原因。不管與前公司有再多的不愉快或是摩擦，這些事在自我介紹時都盡量不要去提，不然面試官會認為，你還沒進公司前就痛罵前主管，那麼進公司後會不會因為對工作有所不滿，就謾罵公司的不是。

禁忌八：眼神飄移不定

　　眼神如果閃爍不夠堅定，和面試官四目相交時飄移閃躲，就容易會被質疑口中說出的話與事實不符，也會讓人有心不在焉的感覺。因此在自我介紹的時候，一定要看著各個面試官的眼睛以示尊重。

禁忌九：態度過於放鬆

　　有些面試官面試的方式會偏向輕鬆，主要是想讓應試者可以放輕鬆，好讓表現正常一點。此時態度千萬不可以過於放鬆，讓面試官覺得你太隨便，畢竟航空面試是屬於正式場合，禮節和態度是非常重要的，不要讓面試官有「你不夠尊重這場面試」的感覺。

禁忌十：音量過小

面試有時因為同一組有比較多人，這也使得面試官與應試者的距離比一般面試更遠一點，音量比較小的人就會略顯吃虧。所以自我介紹時的音量，一定要讓面試官及其他在場應試者都可以輕鬆聽到。此外，音量太小常會讓人有個性內向的感覺，對於需要接觸大量陌生乘客的空服員來說，這樣很可能會被面試官認為不適任。

無懈可擊的完美呈現

不管是一分鐘或三十秒的自我介紹，就是要把自己當成商品，並且成功推銷出去。除了要用心設計吸引人的內容以外，最重要的是配合一些包裝技巧和肢體語言，讓自己更閃閃動人，讓人目不轉睛！

跟朗讀廣播詞的概念一樣，音量要適中，語調要有抑揚頓挫，聲音聽起來舒服悅耳，就會讓人不自覺想認真聽你說話。正常來說，大家應該都已經在家把內容背得滾瓜爛熟，練習過不下數百次，但有時候真的是因為太緊張，有些人會突然腦筋一片空白，把臺詞都忘光光。這時候一定要先調整呼吸，穩定心情，試著回想內容，放慢速度表達即可。

如果自我介紹內容完全想不起來也沒關係，就盡力告訴面試官，你覺得自己最值得被錄取的原因。最重要的是展現百分百的自信，不管是不是脫稿演出，都要講出專屬自己的丰采，並與在場每一位面試官「Eye Contact」，綻放出最甜美、開朗的笑容，自然大方不做作就很加分。

如果有需要的話，搭配上適當得體的肢體語言，也是很棒的方

式。但是千萬要適當，有些人會因為緊張而手舞足蹈，這樣反而讓面試官眼花撩亂而造成反效果喔！

不管是海選或第二關的面試，只要面試官沒有特別想問的題目，也許都會要你做自我介紹。雖然老梗到不行，但卻是大家可以好好掌握的一道題目。如果你的自我介紹經過用心鋪梗，並具有個人特色，就容易引起面試官興趣並提問，而面試官提出的問題，你早已經想過並準備好答案。想想看，成功引導面試官提問，這是多麼激勵人心的事啊！這樣的你在回答時一定非常出眾。

海選時面試官一天最多得面試上千人，從剛開始的興致勃勃，到後來精神渙散（沒辦法，實在太累人），可怕的是有百分之九十的考生，自我介紹內容都差不多，這對面試官來說根本就是酷刑啊！所以老實說，就算面試官沒在聽你講什麼也沒關係，只要能夠結合上述技巧和方式，就會有一定效果，你的目的是讓面試官看到你，並立刻挑中你。

當然，要做到這麼多細節需要練習，如果可以的話，考試前多做幾次給朋友或家人看，請他們告訴你可以加強的地方，越熟練越能減少失誤。如果能夠做到內容、技巧與臨場表現都很到位，那就是自我介紹最無懈可擊的完美呈現了！

◆貼心小提醒

很多考生會因為自我介紹背太熟,雖然說得很流利,表情卻像是在背書一樣僵硬,這樣也是不行的哦!最好的表現方式是流暢又帶點即興,控制速度,輕鬆自然講出來,會讓面試官覺得更舒服,而不是照本宣科唸出稿子的機器人,這兩者是差很多的喔!

大家記住!面試官不一定都會提問,有時候講完自我介紹就會決定考生去留,所以好好準備自我介紹並力求完美表現吧!

Part 4 ✈

唸出清晰短文廣播詞，
超水準專業表現

五大朗讀技巧

大多數國籍航空公司的面試，都會包含朗讀這一關。除了儀容評選外，讓考生透過唸英文短文或機上廣播詞的表現作為評分標準。初試海選時，多位考生一組，進入考場後，由主面試官指定段落讓考生輪流唸。朗讀內容種類廣泛，像是世界各地文化遺產或旅遊聖地的專業文章介紹，都有可能出現。想當然，會有很多英文生字或專有名詞是大家沒有見過的，加上快爆表的緊張感，鐵定有很多人在這關飲恨回家。

初試是大海選，幾千人中只有幾百人會進入下一關，因此要在第一關的英文短文關卡脫穎而出，就是需要不斷練習。唸英文不只是把內容讀出來而已，還必須掌握以下五大要點：

一、語調

聲音是有表情的，情緒會透過聲音傳遞給別人，除了外表儀容，聲音的語調也是可以營造第一好印象。配合聲線的抑揚頓挫，語調可以試著提高一到兩度，會讓人聽起來舒服與悅耳。

大家都聽過廣播吧！DJ的聲音都很好聽，往往讓人情不自禁想專

心聽他在講什麼，而且聲音聽起來好像還帶著笑容呢！這就是聲音表情的魔力。

當了空服員常需要做機上廣播，也變得要更注意自己講話的語調，因為講出來的話是要吸引大家去聽，所以語調的高低起伏是非常重要的。曾經碰過一位座艙長，只要他一廣播大家就會瞬間醒過來，聲音柔軟充滿活力，像是唱歌一樣有動聽的旋律，簡直是神的廣播！

二、速度

講話速度其實是個性的反映。個性比較急躁的人，通常講話講得很快，常常讓人聽不清楚在講什麼；但是講話過慢的人，則會讓人有一種沒精神、快要睡著的感覺。因此在唸文章時，要掌握好速度，要有適當的停頓及換氣，聽起來比較穩重。比較長的句子無法一口氣唸完就不要勉強，在逗號處可以先停頓，句點再換氣。

三、流暢度

要把話講得順暢，就要懂得調整自己的呼吸，因為在考試的高張力下，呼吸會比較快且急促，所以在開始唸短文前，一定要先深呼吸幾下，調順呼吸節奏再開始唸，往往會有比較好的效果。

建議大家拿到短文時，先用30秒快速看過一次，同時注意段落，

通常都會有足夠的時間讓大家默讀。如果讀完還有時間，就再看一次，對內容越熟悉，就越能幫助自己唸得更順暢。

四、發音

常常發現有很多考生講話「含滷蛋」，嘴巴永遠無法張開，已經口齒不清了，如果又加上聲音很小，那可真的會把面試官逼到牆角！同學啊！要體貼一些啊！面試官們並沒有順風耳，在這個重要時刻，如果都沒辦法確保在場每個人都能聽到你的話，這該如何是好呢？所以千萬記住！開口說話時，請適當張開自己的嘴巴，加上美麗的笑容，聲音肯定會清晰許多，語調也聽得出喜悅喔！

五、準確度

要注意短文裡是否有自己不懂的生字，先看過一遍可以事先知道有哪些字，也要盡量把每個字的音都發標準。唸文章時要注意準確度，有時唸錯意思就會差很多。曾經聽過一個廣播：「各位旅客，歡迎您蒞臨臺北，您現在可以安全使用廁所！喔不～是手機啦！」雖然即時更正，但是機上所有乘客早已笑成一團（囧）。

我們腦海想的跟嘴巴講出來的話有時會不一樣，所以在唸短文時，一定要百分之百的專注，才不會讓自己陷入這種尷尬的情景。

◆貼心小提醒

　　常會聽到很多人在唸英文時唸得很快，千萬不要以為唸得快就表示唸得好，這是兩回事喔！不管文章內容是否簡單，都要維持適當的速度去唸，因為要顧慮面試官們及其他考生是否聽得清楚，這是展現體貼的小細節。有時唸得太快反而容易出現錯誤，或者唸到一半碰到不會唸的字，一停下來大家都發現你不會唸，連面試官都會抬起頭看你了，這就會有點弄巧成拙喔！

　　當你掌握唸廣播詞的五大技巧後，最重要的是還要在聲音裡加入感情，讓內容和情緒吻合，講出來才會更有溫度也更具有感染力，讓面試官對你印象深刻！

自我練習方法

在面試中遇到不會唸的英文怎麼辦？是要跳過去還是要豁出去亂唸？（抓頭）

當然是一定要唸出來。如果還沒進考場前就已經拿到短文，一定要趕快抓時間順過一次，要特別留意有哪些字是不會唸的，當下馬上決定唸法。大部分的人應該都有學過音標或是自然發音法，順著英文的字母發音，就算唸錯，落差也不致太大。

雖然面試官們手上都有大家在唸的稿，但也不見得會發現有人唸錯，不過如果刻意跳過某些字不唸，反而就會非常明顯。很多人擔心發音和咬字不夠標準，其實這是可以透過不斷練習改善的喔！另外，發音和聽力是有很大的關係，在這裡提供大家一些唸文章的有效練習方法。

以前自己準備考試時，沒事都會拿一些英文雜誌和報紙來練習，先從發音練起，再去調整語調、音量及速度。同一篇文章會唸很多次，順了之後就請同學坐在前面唸給他聽，再請同學講評表現。練習的次數越多，口條就會越順，對於陌生不熟悉的文章，掌握度也會變

更好，這對在考試時是很有幫助的！

另外，也可以對著鏡子唸，可以看到自己的表情、發音與嘴形，方便調整。把聲音錄起來也是一種很棒的方式，可以聽聽看自己的聲音是否讓人覺得舒服，聲音表情聽起來如何，是有精神還是很平淡。

大家可以做一個小實驗，請親友坐在你前面，你拿一張紙遮住自己的臉，一邊微笑一邊講話，然後再試一遍面無表情的講話。這樣絕對可以很明顯的感受到微笑講話的聲音魅力。終極目標是讓面試官一聽到你的聲音，就主動抬起頭來深情望著你。

要加強發音的準確度，可以從訓練聽力開始，在學習新的英文單字或句子時，通常都只聽過一到兩次，短時間也許還能記住發音，但是隔天可能就不太確定。重點是在重複聽，接著模仿正確發音跟著唸，次數一多，頭腦就會記住準確的發音，你唸出來的發音就會是準確的喔！

◆貼心小提醒

英文在國際場合是主要的溝通語言，但發音與語調會因為不同國籍而有所落差，除了大家最熟悉的英式英語與美式英語，也得去適應不同的腔調和口音，重點不是要講得字正腔圓，而是要能夠順利達到溝通目的。

關於臺語廣播詞

　　國籍航空公司有少數幾家面試時會考臺語，搭飛機的旅客並不是人人都會聽或講國語，所以航空公司在做機上廣播時也會加入臺語，希望應試者至少學會一些在機上常用的基本對話。近年來，甚至在中英文面試的時候，也會出現臺語考試喔！所以絕對不能忽視它的重要性。

　　記得2005年參加空服員考試時，就有臺語考試了，當時的考題是：「先生，需要我幫您將外套掛起來嗎？」

　　看起來很簡單的一句話，但是對於完全沒有接觸過臺語的考生可就頭痛了。不過不會臺語的人其實不用太擔心，只要盡力去唸完它，讓面試官感受到你很有誠意，就算唸出來有點搞笑也沒關係，反正就當娛樂面試官。

　　不會講臺語的人，考試前一定要臨時抱個佛腳，跟長輩們討教一下發音，把發音用羅馬拼音或注音寫在考古題旁邊，然後重複練習，就會有一定成效。千萬不能因為不會就放棄，直接在考試時唸國語，聽起來就很不敬業。充滿誠意的努力表現，即使唸得差強人意，都很值得鼓勵！

　　臺語不像英語有那麼多報刊雜誌可以拿來練習，如果你找不到資源學習臺語，不妨到「白話字臺語文網站」（http://ip194097.ntcu.edu.tw/taigu.asp），只要輸入中文，就會有臺語發音翻譯，之後再點

發音鍵就可以自我練習！

　　有些中文語詞會出現幾種不同的臺語發音，碰到這種狀況時，最好向長輩們請教一下哪一種發音較常用通俗，這樣才不會搞混。

　　臺語面試的過程中，重點還是要與面試官有「眼神接觸（Eye Contact）」，並展現溫柔親切的態度，帶著燦爛的笑容盡力表現。如果真的遇到束手無策的情況也不能慌張，運用策略轉移面試官的注意力，以優雅的儀態與美麗的笑容打動面試官吧！

　　以下是常會用到的臺語廣播詞例句：

　　「各位貴賓，我們即將通過一段較不穩定的氣流，為了您的安全，請您回到座位上，把安全帶繫好。感謝！」

　　「我們現在要賣免稅品，有香水、酒及各式各樣的免稅品，您可以參考機內的雜誌。」

　　「感謝您搭乘○○航空公司的班機，希望您會滿意這次的服務。」

　　「飛機即將起飛，麻煩您將椅背豎直，桌子收起來，謝謝。」

　　「不好意思，因為還有旅客尚未登機，會延誤起飛時間，請稍等一下。」

　　「先生，需要幫您找座位嗎？您的座位在第三排靠窗的位置。」

　　「先生，我們要準備起飛了，麻煩您將行動電話關機，謝謝。」

　　「請將您的行李放在前面的座位下或是座位上方的行李櫃。」

善用短暫記憶力

再來要談到非常專業且會讓面試官眼睛一亮的大技巧！這個方法是以前在學校修英文口譯時，老師在課堂上教的。我們必須看著一段英文文章並且翻譯出來，但在過程中不能只看著手上的文章，也要看著臺下的同學，這時就必須利用「短暫記憶力」去記住一些英文字，所以眼睛要看的比唸的快。大家在做英文短文練習時，一個句子不是逐字逐句看，而是一邊唸一邊看完整句話，並把後面的幾個字記起來，當你唸到句子後面時，就不必看著手上的紙稿，而可以看著面試官，自信唸完，感覺就像是背起來一樣流利，充分結合了眼神接觸（Eye Contact）與短暫記憶力（Short-term Memory）。

一定有很多人會覺得難爆了，其實並不是要你背一大段字，只要文章中有一些很熟悉簡單的詞是可以記住的，就可以拿來運用。一般來說如果能記住三到五個字，就已經是很不錯的了！這個技巧之所以厲害，就是因為考生們通常只會注意手上的短文，緊張或害怕唸錯段，導致視線都一直緊盯著紙本，而忽略了其實重點是要用眼神去「電」面試官，再適時送上一個笑容，只要剛好被面試官看到，你就成功了！

●練習方法：

　　找一篇英文文章，難度約一個段落中只有二到三個生字，就是適合用來練習的程度。開始練習時速度記得先放慢，眼睛先看文章中二到三個英文單字之後，目光再移向前方，一邊專注鏡子裡自己的目光，一邊將剛剛看過的字唸出來。剛開始一定會不太習慣這種唸法，要記得把唸的速度調整到可以邊看邊唸的程度就好，千萬別求快。

　　練習一陣子之後，發現開始可以記住每次唸的單字時，就可以將唸稿的速度加快一點點，一樣還是維持一次看二到三個單字即可。一直到可以用這樣的方法，將文章的句子以正常的語速唸出來，這時就可以將短暫記憶的單字增加為四個，同時也要觀察自己在唸的時候有沒有保持微笑喔！

　　練習的過程，就是養成自己能力的最好方式，所以一定要持之以恆，才能將自己保持在最佳狀態！

Peat 5

成功擄獲面試官心，
贏得美好第一印象

塑造優雅的肢體儀態

　　美姿美儀是一個人的整體形象，包含外表與儀態。行為心理學教授亞伯特・馬拉賓（Albert Mehrabian）的研究指出，第一印象的營造中，非語言訊息占了55％，包含外表、儀態、肢體動作和服裝，聲音占了38％，包含說話的語調、音色及聲音是否讓人覺得舒服，最後7％是語言，即談話的內容。

女生走姿側面全身照

　　想要給面試官最美好的第一印象，就是從美姿美儀開始，還沒開口就讓面試官先入為主的喜歡你，從進考場後，走路到站定位的肢體，都要優雅迷人。

● 女生

走姿：

　　腳跟一定要先著地，再腳尖，行進時挺胸、縮小腹、肩膀放鬆，眼睛直視前方，兩腳走路呈一直線，雙手自然擺動即可，步伐約為肩寬，不要太大或太小。

站姿：

　　肩膀放鬆，背脊挺直，縮小腹，提臀。兩手虎口交叉，大姆指收起放在腹部位置，手指平放併攏不要打開或彎曲。雙腳為 V 字型，一前一後，前腳頂住後腳的足弓處。這種站法有修飾腿型的作用喔！

坐姿：

　　坐下前先把裙子順過裙襬，坐在椅面的三分之二或二分之一處為佳，上半身挺直，臀部正，雙腳併攏斜放，雙手虎口交叉壓住裙緣。

女生站姿正面全身照

女生坐姿正面照

● 男生

走姿：

　　行走時抬頭挺胸，縮小腹，肩膀放鬆，雙手自然擺動，走路時重心平均分布在腳掌。

站姿：

　　雙腳腳跟併攏，兩腳成 V 字型。亦可採平行站姿，兩腳平行向前，雙手自然交疊置於身體前方，肚臍下方約2到3公分處即可。

坐姿：

　　上半身挺直，坐在椅面的三分之二或二分之一處為佳，大腿與小腿呈約90度，雙手自然放在腿上即可。

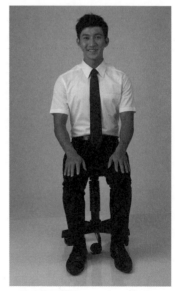

男生坐姿正面照

男生走姿側面全身照　　　　　　　　男生站姿正面全身照

塑造優雅的肢體儀態　　135

◆貼心小提醒

走進考場時一定要先燦笑看著面試官，再按照指定路線走。走路要從容自信、眼睛直視前方，想像有一根線將自己往上拉，身體自然就會挺直。步伐不需要太大，注意膝蓋要直，行走時腳要抬起，走到定位時，自然擺出優雅的定點姿勢——漂亮站姿加上燦笑。

當別的考生回答時，要專心聆聽對方發言，但不需要特別轉過去盯著看喔！Eye Contact還是平均分配給在場的每一位面試官，他們才是重點！

● 超神奇改善駝背練習方法

如果平常站立有駝背的困擾，最有效也最簡單的方式就是貼背練習。只要找一面牆，將自己的頭、肩胛骨、臀部和腳後跟共四點緊貼牆面，會馬上感覺腰脊和背部拉直，上半身自然就會挺直。這個姿勢維持幾分鐘就會覺得很痠，不過長期練習下來，會讓儀態變得超美的喔！而且還有瘦身燃脂的效果呢！

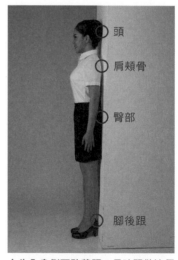

○ 頭
○ 肩頰骨
○ 臀部
○ 腳後跟

女生全身側面貼牆照： 長時間做這個動作，可以有效改善駝背和骨盆傾斜的狀況喔！

練習最美的燦爛笑容

　　對於不常笑的人，「裝笑」久了臉部表情會變得僵硬不自然，為了讓甜美動人的笑容能夠維持更久，我們要多多訓練臉部的肌肉，特別是嘴巴附近的肌肉，以增加彈性和肌耐力。

一、臉部放鬆：

　　我們先試著放鬆臉部線條與肌肉，把五官用力擠到最小，然後維持十秒，接著用力將五官張到最大並維持十秒，這個動作重複兩次。

二、笑肌訓練：

　　對著鏡子，利用咖啡攪拌棒或筷子平放擺在牙齒中間咬住，攪拌棒兩側要碰到臉頰，並保持同一高度。露出6到8顆牙齒的笑容是最標準的，要注意嘴角兩側的弧度要一樣高，維持這個動作會感覺嘴巴非常痠，不過能有效訓練嘴巴附近的肌肉。

女生臉部特寫咬咖啡攪拌棒照：
平時可以利用咬攪拌棒來訓練笑肌，幫助維持笑容。

三、笑容微調：

　　看鏡子不斷練習並調整自己最滿意的漂亮笑容，笑的時候不是只有嘴巴笑，眼睛若能跟著笑會更有魅力，臉部的線條也要柔和，才會更加自然喔！

◆貼心小提醒

　　很多人習慣嘴唇緊閉著微笑，但因為這樣只是扯動嘴角，笑容不明顯反而讓人覺得皮笑肉不笑，因此建議還是要露齒笑喔！開朗的笑容最能傳達親切感，同時也給人陽光正面的感覺。

女生正面燦笑近照　　　　　　　　男生正面燦笑近照

進考場關鍵黃金七秒

　　不管是唸英文短文或廣播詞，都只是測驗應試者口語表達清晰度的一種方式，重點不在手上的那張稿，而是在面試官身上。也就是說，唸稿的時候不能一直緊盯著手上的那張紙，要跟面試官有適當的眼神接觸，更千萬不能讓紙稿擋住自己帥氣或漂亮的臉龐。最好把紙稿像端盤子一樣拿在胸口下，讓面試官可以清楚看到你講話和親切甜美的笑容。

　　空服員的面試，笑容是最大的武器，要好好把握在考場裡短短的表現時間。一般來說，進入考場的「黃金七秒」是關鍵，是考生們營造良好第一印象的最佳時刻，也是展現個人超強大魅力的時候，要有最親切甜美的笑容、優雅的儀態、自信從容的步伐。透過聲音、表情、笑容、肢體動作和儀態，讓面試官在茫茫人海中一眼就看到你。

　　唸短文的過程中，自信大方多與面試官眼神接觸，就算文章沒有唸好也不要慌張，因為你才是主角，要把主控權抓好，表現出誠懇親切的態度，就容易脫穎而出！

Part 6 ✈

關於國籍航空的
主面試官考試

面試模式全面分析

　　國籍的航空公司在招募空服員時，最常見的方式就是多位面試官對多位應試者進行面試，面試的模式大致可以分成以下五種：

一、走臺步與中英短文廣播詞朗讀（或中英自我介紹）：

　　第一關初試最常見的，就是多位應試者一組，走進考場時需依照規定沿著地上的線走，不管是 S 型、U 型、ㄇ 型，都要把它當成伸展臺一樣自信走，同時請盡量走在線上，走路時雖然要看前方，但是餘光仍可瞄到自己是否走在線上喔！

　　在這關，面試官的評分重點會放在大家的美姿美儀和服裝儀容上，接著會請大家唸指定的中英文廣播詞或自我介紹。有些航空公司會在這一關詢問應試者一些簡單的生活題或航空公司相關題目，測試大家的臨場反應。

二、主面試官中英文面試：

　　進入到這關已經是複試，主面試官們可以花較多的時間了解應試者。進行方式是面試官用中英文提問，應試者要依照規定使用中文或

英文回答。有些航空公司會用抽題目的方式，來決定應試者的題目。考題內容包含空服員的工作內容、個人學經歷、航空公司相關問題、生活狀況題等。面試官有時也會針對大家的履歷表和自傳去提問，因此考前一定要非常熟悉自己的履歷表寫了什麼，不然被問到自己寫的又答不出來，絕對會讓你欲哭無淚！

　　這一關可說是非常重要，有很多人都在這關止步，原因不外乎是緊張導致表現不佳，或是被問到不會回答的題目，所以事先的萬全準備和對答練習是非常重要的。面試官會根據應試者的回答和表現去評分，特別會評估在人格特質方面是否適任空服員。

三、中文小組團體討論：

　　近幾年來，有些國籍航空參考外商航空團體討論的面試模式，在關卡中增加了以中文為主的小組討論。進行方式是先將應試者分組，由面試官告知考題並限制時間讓大家討論，在討論過程中，面試官會在一旁打分數，觀察每一位應試者的表現。

　　在這一關，團隊合作是非常重要的，要在時間內完成任務，大家一定要把握時間積極發言。不過並不是要大家一直狂講，完全不給其他人發言機會；也不能只在旁邊美美的笑或是當應聲蟲，不發表任何

意見，這樣面試官根本無從了解你，更別說會選到你了！

在團體討論過程中，每個應試者都會表現出人格特質，面試官可以更加了解每一位，並挑選合適的人選進行下一關。

四、現場抽題即興推銷商品：

有些航空公司要考驗大家的創意和臨場反應，會請考生現場抽題目，請考生限時推銷商品，而推銷的方式不限，題目包含食物或生活用品。這是一種有趣又活潑的面試方法，空服員在飛機上需要販賣免稅品，如何用言語打動旅客的心，讓旅客對該商品產生情感連結，進而把信用卡或現金拿出來。考試時沒這麼多時間，重點是要發揮天馬行空的創意，如果能帶點幽默會讓人更開心。

雖然面試官並沒有限制表現方式，但不建議大家只是簡單敘述商品，至少在形容商品時，要懂得美化和包裝商品，舉一些實際的例子，多用一些比喻，更能觸動人心喔！有應試者用唱歌跳舞的方式來表現，讓面試官印象深刻，覺得你根本就是超級銷售員，這樣就大成功了！

五、圖片描述：

圖片描述的技巧，是要透過言語將面試官帶進圖片的場景中，

添加一些溫度、情緒和感動進去。考生若能賦予圖片更多的想像和生命，就能帶給面試官不同的感受。描述時除了介紹圖中的人、事、物，沒看到的東西也要說出來。觀察圖片中的小細節，應該可以延伸一些個人想法，把這些感覺和畫面形容給面試官聽，讓這張圖片變得更有故事性，讓人身歷其境，這就是很成功的看圖說故事。而在此當下，你也在無形中展現自己獨特的人格特質囉！

　　無論是哪一種面試型態，其共通點是面試官會仔細檢視應試者的外表儀態，更會觀察應試者表現出來的人格特質。過程中最重要的，是保持自信大方，並且注意笑容隨時掛在臉上。如果被問到狀況刁難的問題時，一定不能慌張，沉穩回答面試官，讓面試官感受到你的誠意，因為重要的不是答案，是當下的即時反應。

面試考題應答實戰

　　針對空服員面試，大致上可分成十大類型，有個人相關、求學經驗、工作經驗、生活旅遊、專業能力與興趣、生涯規畫、應徵工作職責內容、面試工作資訊、狀況與模擬題及其他類別。並根據這十大類，整理出這幾年常出現的考古題，同時也貼心針對現役空服整理了一些中英文問題，讓大家在準備面試問答上可以更加得心應手。

一、個人相關

　　個人相關題目，顧名思義就是關於考生個人的題目，包括人格特質、個人成就、人生經驗等，面試官希望藉由這些問題多了解考生的想法與個性，從回答內容和反應，判斷考生是否適合這份工作。其中自我介紹是基本問題，關於自我介紹前面都有詳細的解析。

　　另外也常會問考生個人的優缺點，大多數人的優點不外乎是開朗、活潑、友善和喜歡助人，這些都是空服員常見的特質，但卻又有些虛無飄渺，因此不妨以實例來佐證自己的優點，就容易從中脫穎而出。

　　例如你可以這樣說：「因為擔任客服工作的關係，我擅長解決問

題，常常需要處理客人的客訴，每次都可以順利幫助客人解決問題，像有一次……（講實例）」這樣才可以說服面試官。

此外，一定要多想一、兩個自己獨有的特質，否則大家感覺起來都差不多。講到自己缺點時，大家容易犯的錯就是講一些不是缺點的缺點，深怕暴露自己的缺點而不被錄取。但只要沒有會影響工作的缺點，像愛遲到、不遵守規定等嚴重問題，一般常見的缺點都是可以接受的。

最理想的回答是講出缺點後，再補上改善作法，證明自己是個坦然面對缺點並懂得自我反省的人。

★你一定要會的考古題：

- 可以做個簡單的自我介紹嗎？
- 你覺得你的優缺點是什麼？
- 在朋友眼中，你是個什麼樣的一個人？
- 為什麼要錄用你？
- 你的夢想是什麼？
- 做過最有成就感的一件事？
- 對你影響最深的人事物是什麼？

- 當你的好朋友需要什麼條件？

- 讓你感到最驕傲的事情？

- 自己最印象深刻幫助別人的事。

- 請你說出自己的特色是什麼？

- 你的朋友都是怎麼形容你？他們會希望你改進的點是什麼？
  你的家人會希望你改進的點是什麼？

- 請問自信跟自負的差別在哪？

- 描述一下你最好的朋友。

- 有無失戀經驗？

- 你那麼瘦，可以搬東西嗎？

二、求學經驗

　　求學經驗大多是應屆畢業生常會被問到的，包括學校生活、社團經驗、遊學經歷等都是可以拿來好好發揮的方向。例如曾經代表學校擔任接待外賓的翻譯人員，或是代表學校出國參訪等等，都是很寶貴的人生經驗。把這些經歷和優秀事蹟放在自我介紹和自傳裡，便能引起面試官興趣而發問，事前也可以準備一到兩個特別經歷在面試時運用，例如當被問到在學校有沒有發生什麼難忘的事，或是做過最有成

就感的事等問題，都可以拿出來回答。

　　如果面試官問你：「有參加社團嗎？對你有什麼啟發？」你絕對不能只有說：「有啊！某某社團，我覺得很好。」這種答案等於沒回答。

　　你可以回答：「有啊！我大學時曾經參加國標舞社，學舞是很健康、很有挑戰的活動，男女舞者的搭配是技巧與默契的大考驗，讓我學習到兩個人合作最重要的除了是不斷的練習與磨合外，要有良好的溝通與彼此信任，如此才能造就完美的演出。」這樣的回答，是不是精采多了呢？

★你一定要會的考古題：

- 你為什麼唸這個科系？
- 分享社團經驗以及對自己的啟發，限時30秒。
- 寒暑假都怎麼規畫？

三、工作經驗

　　打工或正職工作經驗都是面試官常問的問題，尤其是服務業相關的問題，因為面試官可以從回答中判斷出考生的工作態度與工作能力。準備時要想幾個工作中曾經碰到的困難和如何解決的例子，或是

在工作中遇到令你覺得難忘與溫馨的故事，這些都是很棒的工作經歷，也是面試官想聽的。

舉例來說，如果面試官問你：「打工的經驗讓你學到什麼？」你可以回答：「我深深體會到賺錢真的很辛苦，花錢卻一下子就花完了（笑）！選擇去餐飲業打工，就是想提早了解服務業。除了體力負荷很大外，解決客人突發狀況與持續提供客人好的服務都是很大的挑戰，這份工作要有很強的抗壓力與解決問題能力，這是我成為空服員前最棒的震撼教育，所以我已經準備好了（以堅定眼神加上燦笑告訴面試官）。」

對面試官來說，工作態度的重要性大於工作能力，因為工作能力可以訓練，可以用經驗累積，但是工作態度卻是很難改變的。所以無論遇到什麼難題或挑戰，在回答中要盡量表現出正面思考與主動積極的特質，不管有沒有成功解決問題，懂得自我檢討與學習的人，就能讓人覺得安心。

★你一定要會的考古題：

- 你有打工經驗嗎？
- 描述你曾犯過的一個錯誤，你如何化解它？

- 為何想要離開前一家公司？

- 在之前的工作中，你最喜歡哪個部分的工作？

- 一分鐘的服務業經驗分享。

- 你工作遇到最困難的事？

- 覺得哪個國家的旅客最難纏？

- 去美國打工時學到什麼？

- 請問現在在哪就職，工作內容和你現在應徵地勤職位有何不同？

- 現在還在機場工作嗎？在機場工作一定見過形形色色的人與公
  司，請問各個航空公司的不同點在哪裡？

- 客訴都是怎麼處理的？客訴的SOP？

- 從大學的打工經驗中你學到什麼？

四、生活與旅遊

　　生活與旅遊相關的問題多半比較靈活，也會比較輕鬆，有時甚至
會考時事相關的題目，所以一定要養成看新聞的習慣，不然被問到不
知道的事會覺得很殘念！建議要準備國內外旅遊的經驗分享，可以彈
性運用在不同問題上。回答這類問題時不要簡短，一段有趣及難忘的
旅行非常需要搭配一些動人的描述，才能夠傳達你的用心感受。

當面試官問你最難忘的一次旅行時，你可以像這樣回答：「我印象最深刻的旅遊經驗是義大利，也是我第一次出國旅遊，花了將近兩年打工存的錢去了一個月。這次旅遊我設定了一個主題，就是在每個城市的主廣場，分送當地人一張臺灣造型的小貼紙，因此也結交了幾十個當地和附近歐洲國家的朋友。那次旅行除了對西方文化有不同的體會之外，也發現其實只要主動釋出一點點善意，就可以迅速縮短彼此間的距離。」

★你一定要會的考古題：

- 你最喜歡哪一個城市？

- 請問你自己的搭機經驗？

- 最推薦臺灣哪個景點給外國人？

- 如果有客人要你推薦臺灣美食，你會推薦他什麼？

- 人生中感到最感動的一次服務是什麼？

- 你最有印象的家常菜？

- 外國人來你會介紹臺灣的什麼給他們？

- 從小到大你覺得你看過最美的一個畫面是什麼？

- 介紹你最喜歡的麵包。

- 最喜歡的城市？

- 今天天氣如何？

- 放假的時候都在做什麼？

- 心情不好都做什麼？

- 想當哪個國家的人？

五、專業能力與興趣

問及興趣與嗜好時，應該是非常好發揮的題目，面試官能從回答判斷出考生是否是一個可以持久投入的人。一個人如果沒有興趣，就表示個性有點孤癖，沒有什麼喜歡做的事，對事物就不會投入心力，這樣子對工作又怎麼會投入呢？所以絕對不可以說沒有什麼特別的興趣。從興趣也可以了解一個人的特質，建議大家不要只講喜歡看電影、上網、唱歌等單純休閒放鬆的活動，可以多講正面形象的健康戶外活動。

舉例來說，當被問到平常有什麼興趣或休閒活動時，可以回答：「我喜歡慢跑，平均一星期都會跑三到五天。跑步可以幫助我放鬆與釋放壓力，最重要的是可以加強我的專注力和思考能力，每次跑完都會覺得心情很輕鬆愉悅。」有跑步習慣的人需要耐力與毅力，如果對

運動可以這麼認真，對工作也會相對努力與投入，面試官選你的機會就更高囉！

★**你一定要會的考古題：**

- 你的興趣是什麼？

- 教面試官一件你會的事。

- 你最有印象的團隊合作精神？

- 推薦喜歡的電影。

- 介紹自己最喜歡的一本書。

- 最喜歡的一首歌？

- 你最喜歡的食物？

- 為什麼想要參加路跑？

- 最喜歡的音樂是什麼類型？

- 平常喜歡做什麼樣的運動？

- 有沒有學其他外文？為什麼選擇學習這個外文？

- 推薦一部韓劇。

六、生涯規畫

　　面試官想知道你對未來有什麼計畫？是否有企圖心？對於工作和人生是否有積極的態度？所以考生一定要有基本的未來藍圖，考上空服員後，接著要做什麼，或者空服員預計要當多久等。

　　建議不要直接跟面試官說準備要做幾年，如果時間很短，知道你不久後就要離職，面試官就不必浪費時間錄取你，他可以選擇會留下來做更久的人。當然，也不要說得很誇張，想要待到退休或幾十年，因為都還沒開始做，你也不知道會待多久啊！你可以這樣回答：「空服員一直是我嚮往的工作，也非常用心努力準備這場面試。如果幸運考上了，我一定會珍惜這份得來不易的工作，並且相信以公司完善的升遷制度與福利，未來在公司會有很好的發展，我非常期待！」

★你一定要會的考古題：

- 除了當空服員，有其他的夢想嗎？
- 家人是否知道並且支持你考空服員？
- 你是從什麼時候下定決心要考空服員的？
- 如果同時有兩家航空公司錄取你，你會選哪一家？
- 除了○航還想做什麼工作？

- 為什麼〇航一定要錄取你呢？

- 請問你來〇航考試有什麼收穫？對你日後有什麼幫助？

- 如果沒考上將來想要從事什麼？

- 有打算將來繼續進修嗎？

七、應徵工作職責內容

對空服員的工作內容一定要有相當程度了解，因為這會表現出你對這份工作的重視與熱忱，也可以避免經錄取後，因想像和實際狀況有落差而做得不快樂。曾經聽過考上某外商航空的空服員，因為事先不知道在飛機上要清潔廁所，之後因為這件事受不了而離職。

當被問到這類的問題時，你可以這樣回答：「空服員在飛機上最重要的是維護客艙安全，這也是為什麼空服員需要接受長達二到三個月的職前訓練，萬一有緊急事故發生，才能在第一時間協助旅客。而第二件重要的事，則是持續提供優質體貼的服務，讓每一位旅客都有美好愉快的旅程。」

★你一定要會的考古題：

- 空服員的工作內容是什麼？

- 為什麼會想要成為空服員？你覺得必備的特質是什麼？
- 有人説飛機上工作十分危險，為什麼你要選擇這份工作？
- 你應該聽過很多空服員的事情？可以説説嗎？
- 參加〇航考試的原因，30秒時間描述。
- 你覺得空服員應該要具備哪些特質。
- 你覺得從你進到考場看到所有的空服員有哪些特質？
  是你自己缺少的？
- 覺得飛機上什麼是最重要的？
- 想要成為怎麼樣的空服員？
- 對空服員有什麼想像？為什麼想當？

八、面試公司資訊

　　不管要考哪間航空公司，都要事先做好功課，上官網好好了解公司背景與最新動態消息，像是有飛什麼航線，最近買了什麼機型的飛機，董事長與總經理的名字也一定要知道。另外，企業文化可以從曾經搭過飛機的經驗，或者聽別人分享的工作心得中有更深了解。當面試官詢問你對該航空公司的感覺時，絕對不要只有冷冰冰的數字資料，要加入一些個人的想法和憧憬。

舉例來說，當被問到：「對我們公司有什麼了解嗎？」你可以這樣回答：「貴公司一直是全球優質航空的常勝軍，在安全與服務都有非常好的排名。後來出國旅遊時有一次就是搭○○航空，因為交通流量管制的關係導致飛機延誤，滿機的旅客等到有點不耐煩，並一直詢問空服員狀況。我看到的是每一位空服員都很專業且友善的回應旅客，完全沒有露出絲毫的不耐煩，這點讓我當時印象非常深刻，也決定自己的第一目標就是加入貴公司。」

★你一定要會的考古題：

- 你對我們公司認識多少？
- 最近本公司有什麼重要的新聞呢？能否告訴我們一則？
- 你看過我們的電視廣告嗎？有什麼特殊印象？
  有什麼需要改進的？
- 你是否可以給予一些建議來改善我們的服務？
- 廉航與傳統航空之分別。

九、狀況與模擬題

面試官有時會突發奇想詢問考生一些狀況題，遇到這類問題也不

需要緊張，面試官知道大多數考生不一定知道怎麼正確處理和解決，但是面試官的目的是要看你如何應對，是否夠冷靜沉著。只要臨危不亂，盡可能發揮創意與個人特色，誠懇盡力回答就好，他們要看的是態度而不是答案，能讓面試官對你印象深刻的答案就是好答案。

有人曾被問到：「如果你是組員，在值勤前已經知道會有難搞的旅客，在你上飛機前會告訴自己的一句話是什麼？」你可以這麼回答：「這是一個挑戰，更是身為空服員成就感的來源，目標是讓旅客開心又滿意的下飛機，我會努力的，加油！」

★你一定要會的考古題：

- 有沒有去同業面試過？你覺得沒有被錄取原因是什麼？
- 若是乘客有無理的要求你會怎麼處理？
- 如果明天你將離開這個世界，你會做什麼？
- 如果你是組員，在值勤前已經知道會有難搞的旅客，
  在你上飛機前會告訴自己的一句話是什麼？
- 如果能穿越時空回到某一個朝代，你會選擇哪個朝代？為什麼？
- 你會想當什麼動物？為什麼？
- 飯店實習面對客人和同事相處如何？如果飯店客滿，

客人又想入住怎麼辦？

- 如果有機會可以選擇，下輩子想要當男生或女生？

- 如果可以選擇，現在想要當什麼人物？

- 為什麼不去考〇航？

- 知道如果不做了要賠錢嗎？要是考上別家會要跳槽嗎？

十、其他

　　這類型的問題與考試內容不相關，比較像一般閒聊的問題。被問到這種問題其實非常好回答，面試官的目的是想更了解考生的個性與想法，另一方面也是想幫考生放鬆，因為一進到考場，大家一定都「皮皮挫」，面試官希望可以聽到你真實且具有個人色彩的回答。只要誠實跟面試官分享想法，最好可以有點幽默風趣，會讓面試官們也很開心喔！

　　舉例來說，如果問你：「今天早餐吃了什麼？」你可以這麼回答：「在這個關鍵存亡的時刻，我不免俗的吃了肉粽，希望可以包中。（笑）」

★你一定要會的考古題：

- 今天早餐吃了什麼？

- 你有什麼想與大家分享的？

- 今天是怎麼過來考場的？

- 服裝是自己搭配的嗎？

- 為什麼選擇穿這樣來面試？

- 等了那麼久，現在心情怎麼樣？

- 在等待考試的過程中，心理的感受為何？

- 等下結束後最想要做什麼？

- 考試的前一天你在做什麼？

十一、英文題集錦

- What is the weather today?

- Please talk about yourself.

- What are your strengths / weaknesses?

- What is your greatest weakness and strength?

- How would your friends talk about you?

- Why should we hire you?

- What is your dream job?

- What have you accomplished that you are proud of?

- Who/What has influenced you the most in your life?

- What's the most impressive memory of your school life?

- Describe your school, and what did you learn from school?

- Tell me something about your education background.

- Do you have work experiences? Could you share with us?

- Share an example that you solved customer's complaint.

- What did you learn from your previous job?

- How does facebook affect our life?

- How do you keep your weight?

- How does smart phone affect our life?

- Do you prefer to work alone or with others?

- Tell me about your interests and specialties.

- What kind of people do you prefer to work with?

- What kind of contributions will you make to our company?

- If you are hired, how long are you planning to stay with us?

- People think flight attendant is high class waitress, what's your opinion?

- What part of being a flight attendant interests you most?

- Are you aware of that flight attendants have to clean the lavatories on board?

- When did you lose your temper last time? For what?

- What will you do if passenger wants to make a friend with you?

- How do you handle a drunk passenger?

- If you have one million, how will you spend it?

- What do you know about our company?

十二、現役空服問答區

　　航空公司組員跳槽是一件很平常的事，不過對於現任或前任空服員，面試官往往會有更嚴格的標準與更高的期待。因為他們會認為你對這份工作駕輕就熟，有相當程度的飛行經驗，在人際溝通技巧與處理問題能力會比其他人好，所以一定都會問到飛行相關的問題。建議可以準備幾則在飛機上發生的溫馨快樂小故事或難忘的經驗等，藉由自身經驗的分享，讓面試官知道你有更強的競爭力喔！

　　舉例來說，如果面試官問：「你認為好的服務是什麼？」可以這樣回答：「我覺得好的服務是真心聆聽和了解旅客的需求，讓旅客覺得備受尊重而產生一種情感連結。有時旅客抱怨並不是真的因為吃不到某樣主菜或沒有好看的電影，單純只是因為感受不到誠意與用心。拿出試著解決問題的專業服務態度，就會令人印象深刻。」

★你一定要會的考古題：

- 請問你在○○航空，給過旅客怎樣的驚喜？
- 如果6人一團，但空服員只有5副撲克牌，請問他要怎麼處理？
- 以你的空服經驗來說，你覺得工作上最困難的是什麼？
- 你認為空服員的特質有哪些？

- 你説你在○○航空待了三年，那可以説説這三年來你看到○○有哪些改變嗎？

- 你認為好的服務是什麼？

- Have you ever been late for a flight and why?

- Share a difficult situation that you ever handled.

- What kind of passengers do you like / dislike?

- Have you been complained by passengers?

　　卡達航空在最近的招考中，加入了抽題分享，面試官會請考生抽題目並馬上回答。其實這跟一般面試回答問題落差不大，只是題目的類型會很廣，難度在於能否短時間內馬上回答出來，內容還要具體。

　　例如：「What motivates you？（工作中什麼最能激勵你？）」開放式的問題因為完全沒有限制，可以講的東西比較多，建議大家舉出實例，加入個人看法，讓回答更完整且更豐富喔！

考場即戰場 觀察小細節

　　大家不要傻傻的以為進入考場才開始面試，事實上，從你踏進航空公司大樓開始，就已經開始「被面試」了。從跟工作人員的互動，在公司碰到其他機組人員或辦公室員工，是不是有禮貌主動打招呼？搭電梯時是不是主動幫其他人服務？甚至是在洗手間補妝時，與其他應試者的對話，也有可能讓面試官聽到。真實的人格特質在日常生活中會毫不保留顯露出來，尤其是不知道正在被檢視的情形下。面試時可以「假裝」十分鐘，但是在沒面試的時候，才最容易暴露出致命缺點，搞砸一切！這也是為什麼只要遲到或是資料沒交齊，就會被請出場不能考試的原因。不能遵守紀律又不自律的人，是絕對無法勝任空服員的！

　　此外，笑容不能只有看到面試官時才出現，而是要隨時掛在臉上，看到其他考生也可以互相加油問好，更別說那些辛苦在考場裡幫忙大家審核資料、安排動線的工作人員們了，只要簡單的一聲「謝謝」、「辛苦了」，都會讓人覺得很貼心。

　　空服員每天在飛機上碰到不一樣的旅客，從登機開始到送旅客

下機，都要無時無刻表現親切和友善，就算上班前才跟男朋友吵架，或是大姨媽來心情鬱悶，不管你願不願意，服務業就是這樣，把快樂帶給大家，把悲傷留給自己。如果連在考場裡短短一天的時間都做不到，又怎麼能夠說服面試官選你呢？碰到需要幫助的應試者，在能力範圍內請不要吝嗇伸出援手，因為幫助別人的同時就是在幫助自己。有一句不敗金句請牢記在心：「想要別人怎麼對你，就要先怎麼對別人。（Treat people the way you want to be treated.）」

　　在等待面試時，不妨花一點時間觀察考場，是否有特殊擺設或裝飾，因為非常有可能會出現在考題當中。曾經就有應試者被面試官問到，看到考場裡的某一幅海報有什麼感覺，也有人被問到對面試官的感覺。好好運用自己的觀察力，它可能就是幫助你成功晉級的大功臣喔！

Eye Contact五大心法

「為什Eye Contact那麼重要？我看到人就害羞不好意思了！」

「Eye Contact到底要怎樣練習才能學好？我會習慣性去閃躲別人的眼神耶！」

首先告訴大家，眼睛是人類感官中最重要的一個器官，眼神更代表一個人的心理狀態與內心情感。說話時眼睛看著對方，代表的是一種尊重與禮貌，同時可以看出你對面試是否認真、投入及重視。

所以在多對多面試的短文廣播詞或中英面試關卡中，是大家與面試官唯一能專注、認清楚彼此第一印象的重要階段，Eye Contact的多寡與感覺，會在評分中占很大的比例。

有些人外型很漂亮、很優秀，但是給人的感覺卻有點冷酷或有距離感；有些人雖然外表沒有很出色，可是給人的感覺卻很溫暖舒服，會讓人不禁想跟他多講幾句話。沒錯！差別就是在Eye Contact！在還沒開口說話的時候，眼睛會最先洩露出心情與祕密，就像看到喜歡的人，眼睛會出現愛心一樣的道理。（笑）

在面試過程中，透過與面試官的眼神交流表現出自信與堅定，更

能成功說服面試官，你就是最佳人選！練習完美面試的Eye Contact五大心法，幫助大家在考場裡可以更自在的發揮百分百實力。

當大家進入考場時，多半呈現非常緊張的狀態，這個時候有幾個要訣，可以增加自己Eye Contact的信心！

①進入考場後先掃視一遍，找到某一個讓你感到最不緊張、最沒有壓力的面試官。和他眼神有了交會之後，基本上你會覺得比較輕鬆，也會讓你看起來笑得比其他人更有自信一點。

②接下來別發呆放空，就定位後要馬上和其他幾位面試官眼神交流一下，以示尊重，才不會讓他們以為自己沒有存在感。

③當你碰到不會回答或需要時間思考的問題時，可以適時把眼神移開，看前方想答案，但不要慌張逃避面試官的眼神。

④轉移視線，Eye Contact並不是要你一直盯著同一個面試官，在場假設有五個面試官，視線應該適時分配給每個人。沒有說話時，如果面試官在看手中的文件，可以稍微將你的眼神停留在文件上；主面試官和其他面試官交談的時候，也可以將視線轉移到他眼光所看的地方。

⑤當面試官講解指令與詢問問題時，記得要Eye Contact以及微笑，代表你很專心聽他說明，離場時也可以再用Eye Contact向面試官致意。

◆貼心小提醒

　　如果直接注視別人的眼睛會讓你覺得尷尬不舒服，可以將視線專注點放在人中或鼻子上（這些地方和眼睛很接近，面試官對話的時候不會覺得你沒有在看他）。

　　切記！面試時不要看自己的雙手或看外面，這樣會讓面試官覺得你害羞或沒有安全感。面試官說話的時候也不要盯著他的嘴巴看，還是要將Eye Contact留在眼睛的部位以表尊重。

◇練習方法

　　與陌生人互動就是練習Eye Contact的最佳機會，例如去餐廳吃飯時，服務生都會禮貌詢問客人點餐或送餐，這時就可以用柔和的眼神接觸，並微笑回應對方。然後慢慢拉長Eye Contact的時間，不要急著閃開目光，讓人覺得備受尊重，也可以讓對方留下良好印象，只要常常練習，就有更自然、自在的Eye Contact喔！

筆試準備

　　以前的筆試有適職測驗和英文測驗，但這幾年來越來越簡化，加上都會要求附上多益檢定成績，就不再需要英文筆試囉！適職測驗的目的，在測試應試者是否適任，如果是選擇題，就照著直覺去回答即可；有些航空公司會考問答題，問題內容都是勞資方相關的問題，只要簡答就好。

　　回答時盡量以航空公司的利益為考量去回答，畢竟這是找工作啊！一切公司說了算。考試前也要對該公司的企業文化深入了解一番，有一些潛規定和眉角一定要先打聽好。如果這家公司不喜歡也不提倡員工組工會，那麼當適職測驗裡問到這題時，大家就知道該怎麼回答了吧！

　　有航空公司還會特別考心算，大約是六到七組的數列，以直式排列計算加總，只有十分鐘可以算，題目約五題。雖然是簡單的加法，但是因為數字又多又雜，時間緊迫下很容易算錯。心算可以看出應試者是否細心，據傳說至少要對一題才會過喔！如果時間充裕，記得再驗算一下。

◆貼心小提醒

在寫筆試測驗時，也要隨時注意自己的儀容外表，坐姿不能太放鬆，仍然要有空服員的優雅和端莊。還是那句話，你永遠不知道誰正在打分數，直到你收到錄取通知為止。切記！一切都要步步為營。

面試必勝十大技巧

　　空服員考試最常見的面試模式，是多位面試官對多位應試者。幾位應試者為一組，由主面試官針對每位應試者提問，問題包含應試者的學、經歷或一般生活反應題。團體面試，應試者們會因為有競爭壓力而變得更加緊張，同組應試者的表現好壞，也會間接影響自己表現。面試官們的工作，就是要在面試當中用盡方法讓你們露出破綻，想用矇騙的方式是過不了關的，只有努力準備和全力以赴才是王道啊！以下十點為面試必勝十大心法，請把它寫在筆記本裡隨時提醒自己。

一、考前準備充分，了解航空公司的展望和最新動態

　　準備面試時，除了自己履歷表上的學、經歷外，該航空公司的最新動態和消息，一定要上官網去看，並留意開了哪些新航點？添購了什麼機型的飛機？今年有什麼特別的計畫？這些都可以展現考生的細心和專業。

二、從容自信，面試回答展現人格特質

　　從走進公司那一刻起，就要散發出自信氣勢，要有以一擋百的感

覺，讓別人覺得你好像很厲害，因此多看你幾眼。相信此時你也會感受到，而這股強大的力量將帶給你更多信心。面試的回答過程中，不要只是回答必要的訊息，千萬記住！答案不是最重要的，你是什麼特質的人才是面試官最在意的，將個人特質表現出來，可以幫助面試官更了解你。

三、加強心理建設，平常心應考會有較好的表現

考試時最難做到的就是「保持平常心」，因為這種場合大家的得失心都會很重。但是如果能有強壯的心理素質，拋開緊張和壓力，往往都會有超出預期的好表現喔！就像運動選手一樣，在一心只想奪牌的壓力下，越怕犯錯就越無法大展身手，這樣上場絕對不可能有好的表現。當實力和對手旗鼓相當時，輸贏的關鍵就在心理素質，學會駕馭緊張感，讓它輔助你成功。

四、服務熱忱的展現，樂觀正面思考的特質

面試官若問服務業相關的問題，回答時可以多加些自己對服務業的喜愛與熱忱。空服員要花費許多時間在飛機上解決旅客的抱怨與問題，習慣用正面思考去解決困難的人，會比較適合這份工作，而開朗樂觀也是空服員的特質之一喔！

五、細節成就完美，做好每一件小事

魔鬼藏在細節裡，不要小看一些不起眼的動作和話語，這會顯現出自己與別人不同之處，也是脫穎而出的關鍵點。曾經有位考生，在洗手間碰到面試官，但他並不知道對方就是面試官，當時他非常禮貌並主動問候，直到走進考場後見到面試官對他綻放超燦爛的笑容，面試過程和結果想當然一定非常順利。他做對了一件小事，但是卻帶給他大成功！

六、切勿答非所問

如果聽不懂面試官的問題就要主動詢問，不要不懂裝懂，結果回答錯誤反而弄巧成拙！面試官沒有義務提醒你正在答非所問，機會可能就只有一次，先搞懂面試官說的話再回答。

七、隨時保持笑容，多說「請、謝謝、對不起」禮貌用語

面試的時間可長可短，要隨時面帶笑容不是很容易，但一定要多練習並盡量做到，讓人感受到真心誠意。另外，禮多人不怪，對他人尊重，也會讓別人對你有好印象，身為一位空服員，更是要做到喔！

八、注意與每位面試官的眼神接觸，站在面試官的立場思考，冷靜沉穩應對，展現專業模樣

在面試過程中，不只眼神要看發問的面試官，也要平均和其他在場的面試官保有眼神接觸，這是一種尊重。當面試官問到比較敏感或是難回答的問題時，一定要保持冷靜沉穩，見招拆招的解決問題，臉上不要忘了保持適度微笑。面試官的目的並不是真的要為難你，而是想看你會有什麼精采的表情和反應，只要盡力並以誠懇的態度應對，就是表現在水準之上囉！

九、適當幽默感的展現，小故事連結到你想傳遞的訊息上，畫面是最直接的觸動

面試官一天下來要面對的應試者恐怕有上千人，如果大家都回答出差不多的答案，面試官恐怕會出現昏昏欲睡或毫無興趣的表情吧！如果能夠帶一點歡樂和適當的幽默在回答裡，會是很加分的唷！若能搭配自身經驗的小故事，把故事講得有畫面及溫度，內容搭配聲音和情緒帶領面試官融入情景，相信一定能讓面試官留下深刻的印象。

十、善用自己的優勢並加以放大。

很多人會把重點放在加強自己缺點與不足的地方，卻忘了優點才

具備強大的吸引力，尤其在面試當中將自身優點加以放大，讓自己某部分的特質變得鮮明，就能在短短的時間內，讓面試官清楚知道你適任這份工作。

關於面試，你無法控制的因素有很多，例如面試官緣、面試題目、同組考生等等，但你可以控制的是，做好萬全準備並努力在面試中展現出最佳狀態。不只是運用面試技巧，你對這份工作的熱忱與執著，都要在面試裡真情流露出來，讓面試官感受到你的誠意，這就是最佳表現了！

	2106	D01	11:05a
DELTA	947	B12	1:30p
DELTA	710	C03	11:05ar
DELTA	4649	E83	3:00pm
	5296	E83	2:00pm
	6729	D09	11:00am
	7383	E70	11:10am
DELTA			11:09am

Part 7 ✈

突破外商航空
考試關卡

Open Day 大有學問

有許多外商航空公司都是以「Open Day」的形式招募空服員。所謂「Open Day」，簡單的說就是連剛好路過的人都能進去考試，當然你的服裝儀容不能失禮，而且也得要帶履歷表（CV）。不只在臺灣，他們也在世界各地的城市舉辦大規模公開招考活動，而面試地點通常選在飯店。

以阿聯酋航空為例，「Open Day」（以下簡稱OD）的方式再簡單不過，每位應試者排隊，輪流走到面試官面前繳交履歷表，接著面試官會稍微檢視你的CV，並詢問你一些問題。每一個應試者面試的時間大約五分鐘左右，大家要想辦法在這珍貴的幾分鐘內跟面試官有良好的互動，要讓面試官想再見你一面，才能順利進入下一關的考試。

大家不要以為只有走過去交履歷表，跟面試官聊上兩句這麼簡單。OD說穿了就是要讓面試官一眼便愛上你，因此想辦法讓自己先變成考場裡最耀眼的那顆星星吧！以下介紹成功闖關OD的五大必勝技巧，你一定要知道！

一、得體服裝

　　參加OD不一定要穿傳統的應考服（襯衫加窄裙），可以穿著屬於自己風格和特色的衣服，例如一件式的洋裝，或是較有設計感的衣服，再搭配合適的裙子或褲子。前提是要懂得搭配和挑選，如果沒有搭好，反而會暴露自己身材的缺點和穿搭的品味喔！

　　不論男生或女生，服裝顏色也要特別注意，以大多數人都能接受且穩重的顏色為主，剪裁要合身，但切記不要緊身，否則一坐下來很容易跑出令人尷尬的三層（囧）。雖然是OD，但再怎麼說也是正式的面試，太休閒的服裝絕對不合格。

二、完美儀容

　　外商空服員的妝容都是很亮眼、很有精神，面試官們已經很熟悉且習慣這樣的妝扮，如果面試時出現一樣專業且完美的妝容，一定會讓面試官眼睛一亮！看看報章雜誌上的航空公司廣告，上面出現的空服員妝容就是超標準的範本。口紅顏色挑選非常重要，也是氣色來源，以鮮豔飽和的顏色最佳，像紅色系的口紅就很亮眼。頭髮可以綁包頭或馬尾，建議都要收乾淨，整齊清爽最好看。男生的頭髮如果太長，一定要適當修剪，稍微用髮蠟或髮膠抓一下更有型。

三、自信笑容

　　走向面試官遞交履歷表時，每踏出一步都應該是很有自信的步伐，笑容更是要一直掛在臉上。外商航空公司的面試官，非常注重空服員的美麗笑容，要開朗有活力，所以露齒笑是必要的，可以模仿廣告看板上的空服員那種開朗親切笑容。應考者通常會很多，所以等待時間有可能需要很長，對體力、耐力也是一大考驗，要注意不能輕易露出疲態，什麼都可以不做，笑容一定要堅持到底。

四、積極互動

　　走到面試官面前時，一定要先主動問候，並且直接稱呼面試官的名字（面試官在剛開始就自我介紹過了），面試官通常會接過你的CV並且快速瀏覽一遍，這是面試官與你的第一次近距離接觸。簡單問候完後，會仔細看你的妝容、皮膚狀況、笑容等等，接著面試官會提問，包含履歷表上的工作經驗、生活、空服員相關等問題，回答時要有技巧的引導面試官繼續問你其他問題，這樣就有機會把自己最精采的人生經驗或工作經歷說出來，進入下一關的機會也會大大提高。

五、眼神接觸

　　不論是走向面試官時或是與面試官對話，都要隨時跟面試官保持

眼神接觸，對這份工作的興趣與渴望，都可以用堅定的眼神告訴面試官，再配上自信開朗的笑容，絕對會讓人印象深刻！不畏懼也不心虛的態度，正面積極的Eye Contact，加上言語的魔法更能說服面試官，你就是他們在尋找的空服員。

印象最深刻的是參加卡達航空OD時，一眼望去考場裡很多都是職場男、女強人，從他們的服裝儀容完整度就大勝社會新鮮人，渾身散發出來的氣勢和自信也是銳不可擋，他們完全知道要怎麼展現自己的優勢和價值。連還沒跟他們說過話的人都能感受到這份企圖心了，那麼面試官絕對看得到！

● 關於線上錄影面試（Online Video Interview）必勝攻略

外商航空公司近年來蠻常使用線上面試作為其中一個關卡，例如新加坡航空、新加坡酷航、國泰航空等都有使用。

在審核完考生的報名資料，公司會通知進入下一關的考生做線上面試，讓考生按照步驟和規定，在指定的時間內回答問題，每一題都會有引導和說明，也有應答時間限制。

雖然是坐在電腦（手機）前錄影，也要視為正式面試，如何在鏡頭前有最好的表現，以下四點一定要注意：

① 外表儀容

建議穿商務套裝或是應考服，或者是較正式的洋裝，要像去航空公司面試一樣的妝容與包頭，當然也包括絲襪和跟鞋，因為這是你吸引鏡頭另一端的考官第一步。

② 背景乾淨

視訊鏡頭拍的到部份要注意不能有雜物，找乾淨素色背景，若有全白的背景最好，讓考官專注在你身上。

③ 硬體設備調整

電腦的視訊鏡頭盡量和自己眼睛平視，不要從奇怪的角度，影響到自己美觀。在螢幕上要看起來好看，明亮的燈光是關鍵，若是光線不足，可以用打光設備補強。

④ 練習試錄很有用

在正式錄之前，可以自己先練習試錄，看自己在螢幕中的樣子和講話的表情，雖然並不知道會被問什麼問題，但可以先練習講自我介紹或自問自答，適時修正，幫助表達更順暢。在練習中若遇到什麼問題也可以做筆記，若是技術上的問題也可以馬上做調整，讓正式開錄時更順利完美。

以新加坡航空的線上面試為例，面試題型包括問答題和寫作題，

問答題有基本題型，也很常見工作經驗相關題目、機上狀況題或是客訴題，在最後也會請考生站起來轉一圈，看身形比例以及拍攝全身照

考生可以自行提前練習，準備好再進行正式錄影。

線上面試問題一般如下：

1. Why do you like to join SIA？為什麼想加入新航？

2. Tell us about your proudest achievement. 你最自豪的成就

3. In less than 200 words, tell us about a time when you had to deal with a difficult person. How did you handle the situation? 寫作題：你是否曾經碰過難搞的人，你如何處理應對呢？（200字以內，有時限）

4. A passenger complains to you that his meal is "inedilble". What would you do?乘客抱怨餐點他不能吃/不可食用，你是空服員會怎麼做？

5. Read a passage 唸一段文章

6. Show full length image 拍攝全身照

一般的面試題目，可以參考第六章節的面試考題應答實戰。

大家比較不熟悉處理的題目會是機上的突發狀況題，或者客訴題，

以上面的題目為例，如果有乘客抱怨餐點不能吃，身為空服員要怎麼解決呢？

在飛機上很常會碰到客人抱怨餐點，狀況有滿多種，像是：東西不好吃/ 份量太少/ 選擇很少/ 沒吃到喜歡吃的……等

空服員能做的就是利用飛機上的資源去解決問題（如果不是太強人所難的話）例如：吃不飽的客人，如果有多的飛機餐可以再提供一份。

如果是抱怨餐點不能吃的客人，空服員要先傾聽客人的抱怨，了解事件情況展現同理，表示自己對於客人食用到不合適的餐點感到非常抱歉，接著要立刻提供機上其他熱餐選項幫客人替換。除了熱餐以外，也可以提供輕食小點，例如水果、餅乾、米果等等讓客人選擇，當然也要一併附上飲品。

應對過程要專業親切，並且迅速幫客人解決不便，後續送上餐點後，也要多主動展現關心與體貼。

另外如果客人飲食有特殊需求，可以提醒客人，未來飛行時可以提早預訂特別餐，這樣就能確保客人吃得到符合自己需求的餐點。

客訴處理重點是要做到以下三件事：

①傾聽客人的問題

②同理客人的狀況

③善用飛機上的資源解決問題

面對飛機上的任何客訴和抱怨,空服員如何應對是關鍵,首先一定要先照顧客人心情。

滿足顧客情感上的需求是服務的每一個當下,最重要的首要工作!其他的都是次要,有良好的服務態度和禮貌的服務用語當然也是必要。

有時問題也不在於客人有沒有吃到某個食物,而是顧客的期待和心情受到影響,所以讓客人知道你的理解以及想努力幫他解決問題的誠意,會讓客人覺得備感尊重。

最後就能把焦點放在到能為顧客做的事情上,提出其他選擇和方法,問題通常都能順利解決喔!

Group Discussion 三大模式解析

外商航空公司最常用的面試，就是全英文的團體討論，由多位考生一組，面試官給予一個討論主題，並於限定時間內讓考生討論出結果。由於空服員不是一個人可以獨立完成任務的，唯有透過團隊合作的活動，面試官才能清楚了解每一位應考者的人格特質、言語和非言語的表現、溝通技巧以及團隊合作能力等。

討論過程中，面試官會在旁邊觀察與評分，並篩選出合適的應考者進入下一關。目前常見的團體討論模式分成以下三種：

一、辯論（Debate）

這裡所指的辯論並不是大家印象中的傳統方式，一定要爭個你死我活不可，而是一種比較優雅的辯論（笑）。面試官先給予題目，一樣分成正方和反方，例如：「請問足球員值得拿這麼高的薪水嗎？」抽中正方的考生就要討論為什麼他們值得，而反方考生就要提出否定的論點。

面試官會先給予大家時間討論，在討論過程中，面試官會在旁邊

觀察各位的反應和表現。時間到會請正、反方每一位發表意見，或是直接指定考生回答，有時也會請正、反兩方交叉提問，由另一方回答。

辯論的重點不在輸贏，而是團隊合作能力，一起努力與同組的人達成任務才是最重要的。互相幫助的過程，可以讓面試官看到考生的人格特質，在提出或反駁對方論點時，不能有高傲或一副要置人於死地的狠樣，要注意自己的表情、用字和肢體動作，要自信大方但絕不失控！人在緊張和壓力下，很容易就會露出真面目，不論你有多麼不喜歡輸的感覺，都不可以表現出來，大器和風度非常重要！

二、角色扮演（Role Play）

角色扮演的考試主要測驗大家的應對技巧與反應，常見的方式是面試官會先分組，給予考生不同的情境與狀況，並指定角色讓考生們即興對話演出情境。題目大多是顧客服務相關，例如：「你是一間飯店的經理，今晚有位VIP抱怨，餐廳的自助餐菜色選擇不多又不好吃。」

VIP由其中一個考生扮演，當他客訴之後，扮演經理的人就要立刻回應處理客人的不滿。這是很大的考驗，尤其是在短時間內要提出有效的解決方法，不僅臨場反應要好，溝通技巧也要好，處理事情還

要同時安撫客人的情緒。

這跟空服員在飛機上碰到客訴或抱怨的狀況一樣，面試官想看到的是考生臨危不亂和解決問題的能力。在整個過程中態度要好，有同理心、懂聆聽，即便很緊張、壓力很大，但還是要努力維持柔和的臉部線條，千萬不能出現不耐煩或毫不在乎的表情。

三、團體討論（Group Discussion）

這是外商公司最常用的方式，大組的團體討論最多可以達到二十幾位一起考試，所有考生坐著圍成一個大圓圈，面試官會提供討論主題，請大家在限制的時間內討論出結論，面試官會指定考生或自願舉手回答問題。

例如要準備舉行一場慈善募款餐會，並邀請五位名人一起參加，想請問要邀請哪些人。討論的時間通常不會很長，每一個考生都要把握機會發言，光是呆坐在那邊陪笑是不行的，這樣面試官會以為你表達能力不好或者英文能力不佳，即使你的笑容再燦爛，但還是無法選你。你必須提出意見，讓面試官更了解你。當然也要幫助你的隊友，展現團隊合作精神，一起完成任務。

另一種方式是以抽題目的方式讓考生們先討論，接著每個人都要

發表看法，輪到自己發言時要注意儀態與笑容，全部考生和面試官都在看著你，自信和穩健的臺風會讓你講話更有魅力。盡力表達自己的想法，能夠言之有物很重要。

　　阿聯酋航空在最近的招考中，採用一種聯想式的團體討論，讓考生以小組進行抽題目討論，結束之後讓每個考生都逐一分享，接著再抽第二道題目，讓考生討論與前一題的關聯性。

　　很多人只要看到不熟悉的團體討論模式，就會驚慌失措，其實方式只是一種媒介，不管是以什麼方式進行，面試官的目的都一樣。在討論進行的時候觀察考生，根據表現出來的人格特質，判斷你是否有潛力成為空服員！面試官在面試前都會提醒大家，要自然輕鬆的「做自己（Be Yourself）」，把團體討論當成像在聊天一樣。

　　事實上，外商考試的氣氛都很輕鬆愉悅，但是太放鬆的情形下，就很容易原形畢露！這就是面試官的最終目的，可以幫助他們快速篩選考生。（不然你以為為什麼團體討論面試刪人這麼快！）處處是眉角啊！所以接下來我們要學習的是，如何巧妙的運用得分技巧，在團體討論面試裡順利晉級！

Group Discussion 技巧統整與突破

在團體討論中，有哪些重點需要注意？面試官們要看的是哪些？這種考試模式是大家不熟悉的方式，除了有用全英文討論的壓力外，還要同時兼顧表現，確實是不容易的事。不過只要懂得團體討論中會被檢視的八大指標，你就能HOLD住！

一、英文能力

成為外商航空公司空服員的基本條件就是英文能力，至少要達到能流利溝通的程度，可以清楚表達自己的想法，同時也能明白別人的想法。外商航空主要溝通語文都是以英文為主，考試過程中如果讓面試官發現你的英文能力需要再加強，當然就不會列入考慮。這也是為什麼外商航空不要求考生的多益或其他英檢成績，因為英文能力會在團體討論或面試中一翻兩瞪眼。當然，如果你英文能力不差，但在團體討論中遲遲沒有發言，也一樣不會成功，因為沒講話就是放棄機會。

二、第一印象

在外商團體討論面試中，面試官會跟考生們個別接觸聊天，要在

第一次與面試官面對面時就取得良好印象，積極與自信的應對會讓人印象深刻。

三、外表儀容

外商航空對空服員的服儀妝容要求標準高，考生從頭到腳都會被檢視，此外，皮膚狀況也是非常重要的。記得考阿聯酋航空時，在進行團體討論前，面試官特別把考場裡的窗簾拉開，讓陽光透進房間，目的就是要看考生們的皮膚。對他們來說，如果還沒成為空服員皮膚就不夠好了，未來如何能夠保持良好膚況在高空上工作呢？更何況這份工作的作息很不穩定，熬夜與休息不足帶給皮膚的傷害會很大，面試官要先避免這個問題。

四、笑容

只有微笑是不夠的，一定要露齒笑。大家看到報章雜誌的外商航空廣告，空服員的笑容開朗到會讓陽光遜色。牙齒是外商很在意的重點，平整亮白的牙齒笑起來更迷人，當然不是說要完美無缺，但至少看起來要整齊順眼，因此美白牙齒是考前的準備功課之一。

五、肢體語言與聲音

團體討論中不只說話內容重要，聲音音量更要適中悅耳，確定其他人都能聽到你的發言。同時要注意肢體動作，坐姿要端正優雅，不要翹二郎腿，外商考試氣氛是很輕鬆，但是態度不能隨便，沒發言時面試官仍然會盯著你。

六、聽懂指示並照做

開始考試前，面試官會詳細解說流程與注意事項，請全神貫注聽清楚並照做，要有判斷與思考能力。遵守規定完成指示，是空服員最基本的要求，如果不懂面試官的意思，可以舉手發問，不要在似懂非懂的狀況下考試，萬一誤解面試官的意思而造成錯誤，那就只能怪自己了。

七、懂得聆聽

當個好聽眾，在團體討論中也是很重要的，能夠接納參考別人意見，表現出自己思想開明、虛心學習的特質，在團隊合作中是很重要的一環。想像所有考生圍成一個圈圈坐在考場裡，面試官正對著大家解說題目，這時你的專注力要百分百，因為你必須搞懂才不會做錯，萬一同組有人搞錯了，你也可以救大家一命。

八、個人特質

　　主動發言提出看法，可以幫助面試官迅速了解你。時間一分一秒在過，團體討論的時間不過幾分鐘，能抓到機會表達意見就要好好把握，把自己的特質優勢展現出來。如果你是一個很有創意的人，就講出令人驚喜的看法；如果你擅長溝通協調，當團體討論裡有太多意見時，你就可以跳出來整理分析，幫助大家達成共識。

　　以上並不是每一點都要做到才會過關，因為在短時間內無法兼顧這麼多，不過千萬記住！一定要主動發言並展現人格特質，積極主動出擊才會得分。

　　考場上不論面對面試官還是考生，臉上的笑容與優雅儀態要隨時注意，聆聽其他人發言時，適度點頭與眼神接觸更是不可或缺，討論過程中盡量不要偷瞄面試官，因為要完全投入團體討論。面試官隨時都會在旁邊看大家討論，這些表現就是要給他們看的，所以不管表現什麼特質都要到位，才會脫穎而出！

Final Interview破關祕笈

　　外商航空考試的最後一道關卡，就是「Final Interview」，有可能會不只一位面試官，但卻只有你一個人單槍匹馬去面對。面試官會在這關抽絲剝繭的檢視和考驗每一位應考者，你的每一字一句回答都會被記錄，面試進行時，你會發現面試官一直在寫東西。

　　此時你的表情和肢體動作也會被放大解讀，One-on-One Interview大約都是三十分鐘，面試官會針對考生的工作經驗、人格特質、家庭生活等提出問題，更想知道你為什麼要來應徵？是否願意離開家工作？這些會幫助他們評估和選擇最適合的人。

　　很多人以為進到最後一關就離考上不遠了，事實上並不然。正確的說，因為進去最後一關的應試者變少，面試官會有更多時間深入了解考生，近距離的面試，長達半個小時的談話，足夠將考生所有優缺點都暴露出來，這一關才是整個考試過程最難的部分，而面試官刪人也絕不手軟。當然，如果有萬全準備，這就是臨門一腳。

　　外商航空的最後一關面試要盡早開始準備，因為會被問到很多問題，還會出現一些自己沒想過的問題。要確保自己應答流暢順利，一定要先把很多可能出現的考題列出來，回答的部分不需逐字逐句寫，

以大綱標題式的關鍵字註明即可,這樣一看到就知道要回答什麼了。

在準備Final Interview時一定要做到以下六點:

①外商航空挑選空服員並不是以單一標準篩選,面試官是以能力取向的全面評估,標準相對來講較高。所以考生在準備Final Interview時一定要放大自己的專長與優勢,這樣面試官很快就能抓到重點。例如有服務業經驗的考生,要多準備幾個在工作上碰到的狀況當成例子,特別是關於客訴的故事,從怎麼發生,與客人的對話,到如何成功解決難題,都要一五一十告知面試官。用一個完整的故事表達你擁有解決問題的能力,比你說一百次:「我相信我自己有能力解決問題!」來得更有說服力!

②如果是社會新鮮人,因為大多沒有實際工作經驗,面試官比較不能提出相關問題,但是只要有任何打工經驗,或是在學校時的優異表現、曾代表學校參加國際性活動等,都可以拿來發揮。面試官也會針對社會新鮮人提出較多關於個人特質的問題,用來考驗應試者的反應,同時放大檢視性格優缺點,所以應試者在應對時要格外謹慎。

③面試官對於現役組員提出的問題,則多半會圍繞在機上的工作經驗,所以一定要先準備幾個曾經處理過的問題,可以是Medical Case、客訴或是難忘的小故事等等。與其他應試者相較之下,現役組

員會有較大的競爭力，因為已經有相關經驗，面試官會用較高的標準去評分，所以絕不能大意，要完全展現自己在工作上的優秀能力。

④在面試過程中要對面試官誠實以對，面試官們都非常銳利，絕對可以看出你是否有一絲猶豫或不確定，說謊更是大大不可行，因為沒發生在自己身上的事，就算是勉強編一個故事，從自己嘴巴講出來沒有溫度和貼切的感覺，面試官一眼就會看出來。

⑤不同類型的面試官，對考生也會造成不同的表現和結果。很多人以為笑容滿面的面試官很友善，所以在面試過程中就自然而然放鬆，但往往也在不知不覺中顯露了致命缺點。面對嚴肅不愛笑的面試官，因為不敢鬆懈，覺得面試官很嚴格而戰戰兢兢，反而表現的比預期更好。其實不需要因為面試官而影響自己的表現，無論是面對哪種類型面試官都要謹言慎行，展現專業。

⑥通常面試官在問完應試者問題後，會詢問考生是否有任何疑問，這時候建議大家一定要至少準備一個問題問面試官。可以是針對該外商航空的工作環境、福利內容等，讓面試官感受到你對於這份職缺的重視。不過要注意，這些問題必須是公司網站查不到的資料，否則面試官會認為你沒事先做功課。

還記得2013年的國泰航空來臺招考時，進入Final的人比意料中

還多，大家開心的覺得好像沒傳說中那麼難考，忙著慶祝的同時，卻低估了Final面試這一關，最後很多人都中箭落馬。對面試官來說，招考空服員就好比去買東西，有時會猶豫某樣物品到底要不要買，這時你會先看看其他東西，當你發現更好的，剛才考慮的自然就會被放回架上。面試官會先將有潛力的考生都留下來，接下來的關卡再慢慢篩選和比較，這樣大家應該更懂了吧！所以絕對不要小看最後一關的面試，它可是讓人無所遁形的大魔王呢！

◆貼心小提醒

除了針對考生的學、經歷提出問題外，國泰航空會考「看圖說故事」，當場給考生圖片，看過後跟面試官敘述圖片，藉此可以看出考生的邏輯和組織能力是否達到標準。另外「短文朗讀」和「情境題」也曾出現過，測驗考生的臨場反應能力和表達能力。通過最後一關的考生，會拿到香港工作申請表和體檢單。

而阿聯酋航空和卡達航空會在完成Final之後三到四週寄發通知，通過Final的考生會收到體檢通知，待體檢完成後將資料傳回公司，等考生全部資料綜合審查完畢後，再另發Email通知錄取的考生。

新航則會在Final面試完，先讓通過的考生試穿制服，詳細檢查考生身上是否有刺青或疤痕，之後再讓考生去填寫新加坡工作申請表。

英文筆試準備

　　雖然外商航空不會要求英檢成績，但英文筆試或電腦測驗是必須通過的關卡。一般會考選擇題，包含克漏字、文法及閱讀測驗等。而卡達航空會另外考Essay（英文作文），面試官會給你一道題目，例如：「如果有機會回到過去，你會想要回到哪個時期？」在限制時間內要完成，不管題目多難發揮，一定要盡力依照字數限制寫一篇。如果內容差強人意，面試官也會看到你的誠意，這是動之以情的策略。

　　因為寫作能力並不是平時有燒香就有用，也不是選擇題可以猜，用字和文法都是要看個人實力。要考外商航空的人不只要加強英文口語表達能力，寫作能力也不能忽略，平時可以多看一些文章，加強句型和語意的掌握能力。

　　2013年國泰航空的筆試，有很多考生都被要求再做Retest，原因是分數沒達到標準，其中不乏多益高達700多分的人。國泰的電腦英文測驗難度，比多益來得高一些，在時間壓力下，加上題目又多，確實是一種挑戰。建議大家平時可以多做練習題目（聽力加閱讀）。作答聽力要全神貫注，聽清楚題目再挑選答案，閱讀的技巧就是一定要

眼明手快,運用作答技巧,先看題目再看文章找答案,沒有必要把每篇文章都了解詳細。很多人做不完題目,就是因為考慮鑽研太久,因此時間控制非常重要。

　　另外像阿聯酋航空,進入Final Interview的考生還必須做線上性向測驗,這是為了確認考生面試展現出來的人格特質與實際是否相符。做性向測驗時要「Be Yourself」,誠實選出最適合描述自己的答案,而不是去選你認為他們想要的答案。盡量少選中間的答案,減少那些不確定的答案,因為這是性格測試,應該要很清楚知道自己的個性偏向哪一邊,「是或不是」會比「不確定或有一點」的中性回答適當。沒有做過性向測驗的人,可以上網找題目練習,會讓你對怎麼作答更有方向。

外商面試七大須知

在Final面試中，大家都有一個迷思，很多人以為面試官問越多，就越有機會考上。事實上，如果面試官一直窮追猛打追問很多問題，這表示面試官得不到滿意的答案，或是發現考生的一些問題。記住！如果你有一種被面試官逼得很緊的感覺，就是不妙了，要更沉穩應對。

正常來說，在一連串面試後，面試官對於進到最後一關面試的人，或多或少都已經有一些基本了解了，所以通常不會有太多疑問，而且在你有萬全準備的前提下，應該不會太困難。想要順利考上外商航空公司，這七大重點技巧你一定要知道。

一、熟悉履歷

這是最基本的功課，寫了什麼自己一定要瞭若指掌，並針對工作經驗、生活經驗、教育背景等去設計題目，設想面試官可能會對哪些部分感興趣。如果你是社會新鮮人，可以把重點放在學校社團活動、打工經驗和遊學旅遊經驗；有多年工作經驗的人，就把重點放在自己的專長和工作技能上。把問題預想好之後，就可以知道該怎麼回答，這樣練習會比較有效率。

二、舉實例小故事

外商航空面試官絕不聽空口說白話，很多人常把「我喜歡服務人群！」或是「我很愛幫助人！」等掛在嘴邊，但是沒有實際的例子或故事來支持你的論點，就會變得很虛無。有服務相關經驗的人一定要舉實例，面試官最想知道的是你怎麼處理這件事，不管有沒有成功解決問題，但是你在該事件中的應對與表現，可以看出你的特質。建議至少準備三則在職場上發生過的小故事，可以是客訴、人際關係處理或多國文化經驗等。

三、展現自信獨立

既然要到國外工作，你得想辦法讓面試官知道你不會太脆弱，不至於都還沒去就被看出來是離不開家的人。在國外生活要具備良好的適應能力，獨立自主的個性是最基本的要求，否則就算考上了，千里迢迢到國外也很快會打道回府。面試官可能問會不會很想家或如果適應不良的問題，你的回答可以著重在要如何解決上。例如：「想家一定會，雖然很遠，但是現在網路很方便，仍可以常常和家人聯絡，有放假時可以回家看家人或是邀請家人來玩。」等等。

四、正面思考與主動積極

　　如果你是負面思考的人，要通過考試不太容易，先別說在國外工作會遇到一些困難，服務業的工作就是要處理解決客人的問題。情緒管理不佳的人也不適合，因為連自己的情緒都不能處理的人，是無法幫助他人的。面試官會用一些當你遇到挫折或困難之類的問題來測試你，主動找出問題並積極面對處理的人，是面試官心中的最佳人選。

五、了解該航空公司

　　事前要對航空公司的資訊做功課，包括航線、發展和最新消息，外商航空的組員都是來自不同國籍，多國文化的工作環境與融合，會是與國籍航空公司最大的不同處。假設你想去的是阿聯酋航空，你就要知道組員來自多少個國家，總共約有多少人等等。

六、了解空服員工作

　　面試官有可能會提出空服員的相關問題，也對考生有很高的期待，無論你是夢想當空服員，還是中途起意想轉職的人，都必須要先了解空服員最重要的工作是什麼？在飛機上的任務又有哪些？答覆越詳細，也代表你對這份工作越重視。面試官問到你要如何克服時差問題或體力不足的問題，就要提出實際解決的方法，你不只在意空服員工作的附加價值，連同辛苦和挑戰也都得事先預想過。

七、冷靜應對笑容誠懇

有時面試官會突然提出狀況題，例如：「如果你在飛機上與不同國籍的同事工作起爭執，因為他沒有好好做他的工作，請問你怎麼處理？」儘管空服員的工作是團隊合作，但每個人都有自己份內的工作要完成，當大家都做好自己的事時，才能完成共同的任務。而在外商，工作文化是很公平的，遇到問題主動與同事溝通和商量，絕對是最正確的第一步。如果對方執意不想配合，再尋求主管幫助才是第二步。若是被問到很難回答的狀況或假設題，也千萬不要慌張，良好的學習態度和沉穩的應對，可以幫助你獲得面試官認同。

◆貼心小提醒

如果你會第二或第三外語，一定要寫在履歷表上。如果面試官有問到就更好，空服員若會多國語言，在外商航空是很加分的，面試官提到的話，就要好好把握機會秀一下喔！

另外，如果是現役或有空服員經驗的考生們要特別注意，面試官一定會問機上發生過的事，不管是旅客抱怨或是有無遇過緊急事件，所以一定要準備至少三到五件工作遇上的故事跟面試官分享。同時也要有心理準備，雖然有相對優勢，但同樣標準也會設得更高。

Part 8 ✈

輸贏決勝點，
細節成就完美

絕佳臨場反應 面試無往不利

　　當應試者的條件都相當時，成功與失敗的差距往往就是在細節的處理上。對於面試官來說，每天要面試成千上百位考生，說實話，大家看起來根本都一樣！畫差不多的妝、大同小異的包頭、淺色襯衫加深色裙子的妝扮，在考場裡一字排開，面試官一定很傷腦筋。這時候如果自我介紹相似度又很高，讓人完全沒有印象點，不僅很為難面試官，也會是你考試中最大的阻礙！

　　面試時如果能發揮絕佳的臨場反應，將會是你最厲害的祕密武器！在主面試官面試的關卡中，面試官提出的問題再也不只是大家網路上抓的考古題了，從以前考到現在，面試官們一定也很膩了，現在大家會聽到的問題，大多來自於生活、時事或狀況題。這也意味著當考生們被問到這些問題時，大多是在毫無準備的情況下，在緊張的壓力下碰到天外飛來一筆的問題，可想而知回答大多是零零落落。

　　面試的臨場反應中，大家最容易忽略但卻超重要的事，就是「考場環境適應力」。當進入一個陌生環境後，我們身體通常都會很緊繃，再加上緊張不安的氣氛，常常就會有失常或搞笑的演出，像是同

手同腳走進考場而渾然不知，或是太慌張而小跌倒等等。請相信，絕對不會有人想犯這種低級失誤！準備了大半年，結果還沒考試前就赫然發現自己沒戲唱，那一定會嘔死！所以要善於觀察與快速適應陌生環境，讓自己的身體和心理都作好萬全準備，面試時覺得舒服自在，這樣才可以表現出水準。

接下來是「考題理解能力」，很多人最常犯的錯誤，就是左耳進右耳出，面試官丟了問題出來，考生卻愣住好幾秒，不知道聽不懂題目還是不會回答，不論是哪一種都會讓面試官覺得頭很痛。考試當下一定要有百分之百的專注力，聽清楚面試官的問題或要求，如果有聽不懂的單字，記得一定要禮貌的詢問面試官，這樣絕對好過不懂裝懂，結果答案牛頭不對馬嘴喔！

第三種是「邏輯反應能力」，這跟回答的內容息息相關，平時在家練習面試對答時，就要特別注意回答內容順序以及是否合乎邏輯，可以發揮創意，但要合情合理，太跳Tone的想法就不適合，因為面試官有可能搞不懂你想幹嘛。

如果突然被問到比較敏感或是刁難的問題時，一定要展現出抗壓力和EQ，面試官的目的並不是要聽完美答案，而是要藉由問題看出你的臨場反應與應對能力。舉例來說，如果面試官問：「你是處女座

耶！聽說處女座的人都很龜毛也很神經質，你是不是啊？」這時候你有可能一聽完問題臉色就大變，因為對方剛好戳中你的罩門。面試官其實只是隨口說了幾句話，再簡單不過的問題卻可以馬上逼出考生的真實性格。

遇到這類型問題，冷靜沉穩應對會減少你犯錯的機會，就算沒有回答好也不至於太差，回答前一定要先回以笑容，讓面試官知道激將法在你身上並不管用，你是一個很穩重高EQ的人。接著再把你想講的話告訴面試官，同時把剛剛面試官提到負面的形容詞全部變成正面。

例如可以這麼回答：「對啊！我是處女座的，因為我們常常對自己在意的事物要求完美，總是想把最棒的那一面呈現給別人看，對自己要求高，不過我覺得我們處理事情真的是很細膩、很周到喔！這樣的個性很適合成為空服員，一定可以把旅客照顧的很好。」最後再回以一記美到發泡的燦笑作為Ending，相信這樣講完，面試官一定沒有問題想問你了。

最後要談的是「應考積極態度」，你有多想要得到這份工作，滿腔的熱血和熱情只有你知道是不夠的，一定要讓面試官感受到你真的費盡心思想要成為空服員！考生對於面試是否積極，從回答內容和一些細節就可以看出來。如果很重視這份工作，你會用心打扮自己，把

最美的一面給面試官看，從妝容到服裝有條不紊，鞋子會特意擦亮。面試的事前準備是否充足，從回答就可以知道，雖然很緊張但盡力做到落落大方，把自我介紹設計得具有個人特色，回答面試官問題有自信，不怕被問倒，因為你就是有備而來，積極主動的態度比任何好聽的話都更能說服面試官，你就是最佳空服員人選！

　　臨場反應可以經由練習和經驗慢慢增強，多參加各家航空公司的面試，體驗臨場感，能讓自己越來越熟悉並駕馭緊張感和壓力。平時練習面試對答時，也可以請家人朋友幫忙，準備多樣性的問題，訓練自己在短時間內回答，加速大腦反應能力，這樣在真正面試時，會減少愣住或腦筋突然一片空白的情況喔！

　　面試時能發揮絕佳臨場反應的人不多，但他們毫無疑問會是考場裡最閃耀的星星，這也就是細節的魅力！

面試當天一定要做的十件事

　　準備很久的空服員面試終於要上場應戰，一種緊張、興奮又害怕的複雜心情，從考前、面試直到放榜這段時間，都會緊緊跟隨著你。這種煎熬的心路歷程，只有參加過空服員面試的人才能感同身受。如果能一次就考上，那真是天大的幸福，如果不能則是長期的辛苦抗戰。面試當天的表現，將會是決定你所有努力成果的依據，要拿出最佳狀態應試，一定要做足這十件事：

　　①起床後先做一點簡單的伸展運動，尤其對比較嬌小的考生，要放鬆以及喚醒疲勞的肌肉，這對「摸高」會很有幫助喔！身體熱起來後，精神也會變得比較好。

　　②服裝儀容是面試當天最大的重點，一定要上完整全妝，包括粉底、蜜粉、眼影、腮紅與口紅缺一不可。不過全妝也不代表要濃妝豔抹，而是要有專業的整體感，看起來有精神、有氣色，再搭配應考服

和黑色高跟鞋，就會很像空服員。另外，不管男生或女生都可以噴灑適量香水，讓自己更優雅迷人喔！

③當天不只要準時，還要提早至少半小時抵達考場，路上可能會因為交通、天氣或其他突發事件而耽誤，遲到是萬萬不能發生的事！

④早餐是一天當中最重要的一餐，要吃的健康又充滿能量，才會有精神和活力應考。盡量不要吃太多澱粉類，因為那會讓人容易昏昏欲睡，像稀飯、飯糰類的高升糖食物會讓反應變慢，要避免一大早就出現雙眼無神或放空的窘境。建議可以吃含有蔬菜、蛋白質、奶類的食物，加上澱粉少許，有飽足感即可，不然到時就要狂縮小腹了。隨身攜帶一包薄荷糖，不但可以保持口氣清新，也能幫助提神喔！

⑤出門前確保所有必備的文件、應試通知單、證件、英檢成績單等都帶齊了，可以用Ａ４透明資料夾放在一起，不會擠壓也方便尋找。不需要事先釘在一起，因為繳交時工作人員會依照需求自己裝訂。曾經有考生因為漏帶應試通知單而無法考試，所以千萬要仔細謹慎。

⑥到達考場後，先把手機轉成靜音或震動，見到每一位工作人員都要展現禮貌和笑容，他們要處理考場動線、檢查上千份考生文件，大家關懷的問候和體貼的道謝，都會讓他們覺得溫暖。

⑦用心觀察每一個小細節，公司企業文化帶給你什麼特別想法和感受，也要特別留意考場的動線和擺設，這些都有可能會出現在考題中。

⑧在等待考試前的空檔，隨時要注意妝髮，有時天氣太熱會導致很快就流汗脫妝，補妝用品如粉餅、腮紅、口紅或唇蜜要放在隨身的包包裡備用，小定型液、梳子和小黑夾可以整理包頭，要確保自己出現在面試官面前很完美。另外，如吸油面紙、衛生紙和濕紙巾也是必備用品，寧願準備了沒用上，也不要臨時要用卻沒有。

⑨等待考試時，不要跟其他考生大聊特聊，例如某人被考什麼或哪間面試官比較兇等瑣事，因為這些事並不會幫助你考得更好，那只會打亂你的思緒和考試節奏。盡量保持心情平穩、調整呼吸減緩緊張

感，百分之百專注在面試上，拿出最棒的表現。

⑩最後一件事，就是要拿出超強的信心和氣勢，想像自己已經是心中夢想航空公司的空服員，相信自己就是最適合的人選，一定會脫穎而出的堅定信念很重要！這些積極正面的力量，會讓你保持好心情，幫助你在面試時表現更順利。

成功是每一個細節環環相扣而成，準備好自己，在機會來臨時才可以大放異彩！

考前七件最重要的小事情

　　考試前，大部分的人都會瘋狂的抱佛腳練習考古題，但其實還有一些非常重要卻容易被忽略的小事，更需要多加注意喔！如果能做好時間安排，提前把需要的東西都準備好，最好做一張考前必備清單隨時檢查，就會有較充裕的時間去準備考試。考前七件最重要的小事情有哪些呢？一起來檢視吧！

　　①考試前要好好照顧皮膚，不要熬夜加深黑眼圈，要多加強保濕，建議可以多敷面膜，讓肌膚飽水後上妝也會服貼持久。如果是易長粉刺或痘痘的肌膚，建議考試前七到十天去做臉，做一下徹底清潔，並維持皮膚乾淨和平滑。此時不要突然擦一些新的保養品，因為你不知道會不會過敏或長痘痘，考前不適合做這樣的冒險。

　　②多補充水分，每天都要攝取2000到3000cc的水。如果有運動習慣更好，加強新陳代謝和血液循環，氣色和精神都會更好。

③提前把當天考試要穿的應考服燙好、掛好，鞋子擦亮，不要當天才在那邊手忙腳亂。要多準備一雙絲襪在包包裡，當天萬一不小心勾破可以馬上更換。平常不習慣穿高跟鞋走路的美女們，也要在考前多加練習喔！

④需要帶的各式文件或成績單要提早準備好，並養成帶筆和紙的好習慣，如果臨時要考筆試或填資料，才不需要跟別人借。

⑤中、英文自我介紹應該要達到很熟練的程度，面試問答也應該準備妥當，建議可以多帶一份履歷表，以備不時之需。曾經有一位考生在考全日空Final時，面試官臨時找不到她的履歷表，幸好因為她細心的多準備一份交給面試官，這個小動作就幫她順利考上囉！

⑥有組織讀書會的帥哥美女們，可以在考前來個模擬大演練，每個人都要把它當做正式考試，應考服、鞋子和妝髮全部上場，製造臨場緊張感，並輪流充當考生和面試官，整個面試從頭到尾跑一遍，會讓你更有概念，也可以即時修正不足的地方。

⑦考前一天晚上一定要早睡，尤其很多考試時間都在早上八點左右，為了預防睡過頭，一定要多設幾個鬧鐘才不會釀成悲劇。扣掉交通和準備服裝儀容的時間，睡眠時間是很寶貴的，一定要睡飽膚況才會好，妝容才會美麗。睡覺前可以敷厚厚的一層護唇膏在嘴唇上，隔天嘴唇會變得非常滋潤，擦上口紅也會更顯色持久。

找出自己的勝利方程式，勿當複製人

面試其實是一件很主觀的事，有些人天生麗質，又有面試官緣，往往一次就可以考上。然而大部分人卻沒那麼幸運，因此除了技巧的運用外，一定要凸顯個人的特質。

常常看到很多考生妝畫的一樣、應考服穿的一樣，甚至一窩蜂使用同一種回答方式。老實說，使用複製的方式根本占不到優勢！對面試官來說，看到一個又一個的複製人，可能會非常頭痛，不管是服裝儀容或回答，幾乎都沒有一點個人風格和特色，這樣子被錄取的機會真是微乎其微。

或許大家會聽說某某航空偏好鄰家型女孩，或是某某航空喜歡美豔幹練型，其實外型是很主觀的，什麼類型的長相因人而異，很多人進到航空公司後才發現，根本什麼人都有！而且說一句殘酷的話，如果你和他一樣，航空公司為什麼要錄用你呢？

把別人成功的模式套在你身上未必有用，因為那是他找出來的方法，你要做的是找出自己的勝利方程式。很多失敗多次的考生，總是不知道自己為什麼失敗，沒有徹底檢討面試表現，分析失敗原因，下

次還是用同樣的方法去應試，當然會得到一樣的結果！最後再歸咎自己懷才不遇或運氣不佳，一直陷入無限循環也是自己造成的。

　　就跟電視上爆紅或受歡迎的明星，很多都是因為個人風格強烈，才引起別人的共鳴和喜愛。每一個人都是獨特的個體，想法和做法跟別人不一樣是很正常的。這並不是要你標新立異，而是要找出自己與別人不一樣的地方，那才是面試官真正想看的！

　　為什麼有些人只是很簡單的回答一個問題就考上？原因很簡單，因為在短短的回答裡，完全表現出自己的特質，正中紅心。這其實是很不容易的，因為大家在面試時都只想著迎合面試官，說標準答案或不會出錯的答案，但那根本不是你想講的無聊回答。而且面試官可能早在你開口前，就可以預期你的答案，所以千萬不要再犯這種錯誤了！

　　每次的面試機會都很寶貴，要珍惜把握每一次上臺的機會，拿出最好的表現。個人特色可以從人格特質上發掘，可以從回答內容去設計，可以是創意的自我介紹，更可以是臨機應變的一擊。記住，亮點就是要改變面試官的狀態！

　　你的目的是當你面試完後，走出考場，面試官都還記得你是誰，所以要在面試短短時間裡改變面試官的狀態，讓他們覺得有趣和驚

喜，才會有記憶點，其實說白一點，也是幫他們提神啦！不過千萬不要會錯意，不是要你進去搞笑喔！是要表現出自己特色，讓你與其他人有所區別，這才是獨特性。

希望看完這本書，能提供大家更精確的方向去準備空服員考試，學會精準的面試技巧，引導每一位想考空服員的人，更加了解自己並找出自己最大的優勢、最吸引人的特質與最不可取代的價值。花點心思和時間去創造出屬於自己的成功策略，我相信大家一定都做得到！

「面試，只有最想贏的人才會獲勝！」無論如何，一定要當那個最想贏的人！加油！

Postscript ✈

後記

空服員Q&A大哉問

　　空服員的生活與工作，一直以來都蒙上一層神祕的面紗。可能有很多人會誤解空服員月領高薪、工作輕鬆還可以環遊世界，但事實上天底下沒有白吃的午餐，每份工作都是很辛苦的，空服員只是生活型態與一般工作不同，但付出的體力和健康卻比想像中多很多。

　　空姐、空少的光環讓這份工作成為夢幻職業，但箇中心酸只有飛過的人才明白，如果你也想要成為一分子，一定要有心理準備，空服人生絕對不是只有美好的那一面。

　　相信大家心中對空服員有很多疑問和猜測，更多的是迷思和幻想。特別整理了一些最常見的疑問幫大家解答，讓我們一探究竟真實的空服人生吧！

Q：你是飛國際線嗎？你飛哪條線？

A：以臺灣兩大龍頭航空公司來說，航點遍布世界各地，包含歐洲、亞洲、美洲、大洋洲，所以都是國際線。而空服員的班表是沒有固定喔！每個月都是按班表飛，不會固定飛哪裡。

Q：空服員結婚後還可以飛嗎？
是不是到了一定年紀就要轉地勤？

A：結婚後當然還是可以飛啊！有很多線上的哥哥姊姊們都是一邊
飛，一邊照顧小孩和家庭喔！飛機上不只有一般空服員，也有
管理職，例如座艙長的職位就是後艙最大的，所以不是年紀大
就要退下來當地勤，空服員也是可以做到退休的。

Q：空姐們薪水是不是很高？一個月十幾萬吧？

A：這是不可能的事啊！到底謠言是哪來的？快還我們一個公道
啦！薪水每家航空公司有所不同，一般計算方式是底薪加上外
站津貼。以臺灣的航空公司來說，大約是五萬到六萬，如果是
外商航空的話才會更高，領到十萬是有可能，不過絕對是飛到
爆肝，是用生命健康換來的～（淚）

Q：請你們幫我買飛機票會比較便宜嗎？

A：不會喔！這是很多親朋好友都會問的問題，如雪片般從臉書或
LINE飛來。優惠票只會給組員自己本身，還有父母親或其他家
人，當然得遵照每家航空不同的規定。除了家人外，其他的人
都沒有優惠票喔！而且只要是使用優惠票，都是採空位搭乘，
有位置才能候補搭上，所以優惠票就是俗稱的「乞丐票」。

Q：你們坐飛機是不是都不用錢？

A：要喔！空服員只是付比較少，但不是不用付，一般來說是票面
價的一折左右。有些航空公司會提供組員和家人免費機票，有

的是一年一張，有的需要更長時間，只需付機場稅。

Q：你們月休很多天嗎？

A：以國籍航空來說，平均月休八到十天左右，其實沒有多很多，不過可以運用的自由時間相對是比上班族多。外商的話，像國泰航空就會休比較多天，大約十到十四天。

Q：空服員的職業病是不是很多？會很常生病嗎？

A：這份工作很辛苦，因為作息不穩定，吃飯和睡覺時間有時很不固定，所以是要有很強壯的身體。有些人會常感冒、免疫系統出問題或內分泌失調等；另外，因為常常需要搬重物，腰痠背痛、靜脈曲張也是常見的職業病。

Q：空服員好像比較容易認識有錢人，嫁入豪門？

A：沒有這回事！空服員飛來飛去的，連好好談個戀愛可能都有問題了，哪來的豪門？在飛機上有一堆工作要做，也沒有時間好好認識乘客，就算曾經有空姐嫁過豪門，但那也都是少數中的少數，大多數的組員只想嫁好門而不是豪門。

Q：飛到外站可以休息多久？

A：要看飛長班或短班，鄰近國家都是很短的過夜班，通常睡一晚隔天就要飛回來了；中長班的話一般都是24小時以上，有時會有二到三天，看航班狀況而定。但是有很多當天來回的短班，例如臺北飛新加坡，到了當地送旅客下機後，清潔人員會上來

整理機艙，之後又上來另一批乘客，馬上再飛回臺北。這種班通常很累人，尤其是3到4小時以上飛行時間的來回班，下班時腿一定又痠又痛！

Q：你們在飛機上都在哪裡睡覺？

A：如果是飛長途的班機，像空中巴士A340-300、A380、波音777-300ER、747-400等機型，飛機上都有休息的地方，組員都會分兩組輪休，是可以躺平睡覺的喔！

Q：你們都怎麼調時差？

A：因人而異耶！有些人飛到當地，作息就跟著當地時間，有些人是不管飛到哪裡都過著臺灣時間。如果是時差很多的地方，睡眠問題就會比較嚴重，有些組員都會吃助眠的藥物去調整。

Q：空服員英文一定要很好嗎？要學第二外語嗎？

A：國籍航空公司的話，英文要求是以多益成績來規定應考資格，但不一定要英文很好，一般溝通順暢即可；外商航空要求就比較高，英文溝通要達到流利的標準。第二外語沒有硬性規定要學，但有蠻多組員都會講第二外語的，如果公司在招生簡章有特別註明「會第二外語佳」，就非常加分喔！

空服應考疑難雜症

　　每個月我們都會被問到許多應考的相關問題，特別是畢業季或面試前，數量更是如排山倒海而來。在此特別整理出幾個最常被問到的問題，希望能幫助大家在準備考試時可以更無後顧之憂。

Q：考空服是否有身高限制？
A：沒有，以摸高測試為主。

Q：考空服是否有年齡限制？
A：現在國籍航空在應考資格上沒有年齡限制，比以前寬鬆許多，近年也都有30歲以上的應試者考上空服員。

Q：應屆畢業有報考資格嗎？
A：如果招考資訊有註明，就是可以報考，有的公司只要在受訓前能拿到畢業證書就可以報考。

Q：參加面試可以染頭髮嗎？
A：可以，頭髮不一定要全黑，但以深咖啡色系（Dark Brown）為標準，有色差要補染，不要出現布丁頭。

Q：面試要擦什麼顏色的眼影？

A：當然是適合自己、可以讓你更美、更有自信的顏色，並沒有規定一定要擦什麼顏色才會考上。

Q：我正在戴牙套參加面試，會影響成績嗎？

A：一般來說，如果還沒有矯正，會建議你先考完再做；如果已經在矯正中，還是可以去考，只是會稍微吃虧一點，因為面試官可能會問你什麼時候可以取下矯正器。

Q：牙齒不整齊會影響面試嗎？

A：由於不整齊的程度因人而異，要實際看到本人才知道。在不影響美觀和咬字的情況下，是比較沒關係的。若是有矯正意願的人，請盡早尋求醫師協助。

建議考前可以適度做牙齒美白，看起來會比較乾淨亮白，笑起來也會更加甜美。

Q：有刺青和疤會影響面試嗎？

A：基本上，刺青在應試服或制服不會外露的地方就沒關係。疤痕則要看實際狀況，但如果是在手腳上一些不明顯的小疤，可以用遮瑕膏蓋住。（備註：有少數航空公司對於刺青和疤痕的要求很嚴格，例如：卡達航空、新加坡航空。）

Q：面試時可以戴瞳孔放大片嗎？

A：放大片或變色片都不可以。

Q：要什麼樣子的生活照才可以？

A：用比較好的相機，畫淡妝，穿著要能展現自己身材比例的優點並藏拙，不要有太多裝飾物品，挑選背景簡單乾淨的戶外地點，表情自然微笑，近的、遠的、全身照都拍，之後再來挑選。

Q：大頭照要重拍嗎？可以直接用學士照嗎？

A：建議之後還要報考的話，穿正式一點的衣服，去重拍證件格式的大頭照，身分證或護照格式都可以，跟照相館老闆說他們就知道了。

Q：我的學歷只有大學／二技／五專，可以考嗎？

A：依各家公司公布的招考資訊來決定，五專和二專畢業是專科學歷（副學士學位），二技、四技和大學畢業是大學學歷（學士學位）。

Q：身高不夠高，要怎麼樣才能通過摸高測驗？

A：請在家多拉筋，平常保持運動習慣。摸高前可以到洗手間再做一些拉筋伸展，摸高時先將襯衫拉出來，然後豁出去全力以赴。

Q：英文不好，需要去補習嗎？

A：補習我覺得要看個人需求，因為有預算和時間的考量，只要是能加強英文的方法都可以試看看。

Q：多益成績來不及拿到，可以先去面試再補交嗎？

A：依各航空公司規定有所不同，有的公司在報到時就要核對所有資料，若是不齊全就無法參加面試；有的可以先面試，只要在規定時間內補交即可。建議大家有時間就先去考多益，才不會措手不及。

Q：英文成績證明，是指成績單還是要另外申請證書？

A：只要成績單就可以了，不用另外申請證書。

Q：考空服需要去補習嗎？

A：其實自己準備和上課準備考上的人都有，每個人都有預算、時間或私人因素的考量，所以沒有哪一種方式就一定會比較好。

Q：天氣很冷，可以穿自己的外套去面試嗎？

A：可以，有時候考場也會很冷，所以要帶保暖的衣物，面試前記得脫下來就好。

Q：已婚者還能報考嗎？

A：可以，只要符合應考資格都可以報考。

Q：外商履歷是否有固定格式？

A：沒有限制格式，但必須附上CV和Cover Letter，才是一份完整的外商履歷。

各家航空考試流程表

　　附上各家航空公司的考試流程表，從報名、初試、複試、體檢到綜合評估都有詳細的介紹，無論你要考的是國籍還是外商航空，都可以清楚瀏覽各家航空公司的考試流程差異，在準備考試時會有更精確的方向。

國籍航空公司空服員面試流程

以下流程更新至2023年7月		華航	長榮	星宇	虎航	立榮	華信
報名	線上	●	●	●	●	●	●
	郵寄						
初試	摸高測試	●		●	●		●
	中文短文廣播詞			●			●
	英文短文廣播詞	●	●	●	●	●	●
	台語短文廣播詞		●			●	
	中文面試問答	●			●		
	心算與適職筆試		●	●		●	
	小體檢		●			●	
複試	電腦適職測驗	●			●		
	中文面試	●	●	●	●	●	●
	英文面試	●	●	●	●	●	
	第二外語面試				●		
	英文團體討論			●			
	商品推銷				●		
擇優	體檢	依公司規定時間完成空服員體檢項目					
	綜合評估	根據書面資料、面試表現及體檢結果進行最終評估					

以上各家航空公司考試流程更新到2023年10月止，若有任何更新變動則以航空公司為主。

外商航空公司空服員面試流程

以下流程更新至2023年7月		阿聯酋	卡達	國泰	澳門	全日空	日航	新航	亞洲	酷航
報名	線上報名	●	●	●	●	●	●	●		●
	Open Day	●	●						●	
面試內容	Online Video Interview			●				●		●
	摸高測試	●	●	●	●	●		●	●	●
	英文測驗	●	●			●	●	●		●
	中文短文朗讀			●						
	分組自我介紹						●	●		●
	抽題短演講		●							●
	團體討論	●	●			●				
	Case Study	●								●
	角色扮演	●		●						●
	辯論					●		●		
	Final Interview 英文問答	●	●	●	●	●		●	●	●
	性向測驗	●								●
	筆試測驗					●	●			
	英文短文朗讀			●		●		●		
擇優	體檢	依公司規定時間完成空服員體檢項目								
	綜合評估	根據書面資料、面試表現及體檢結果進行最終評估								

以上各家航空公司考試流程更新到2023年10月止，若有任何更新變動則以航空公司為主。

各家航空公司薪水

附上各家航空公司的薪資表,讓大家在選擇應考和就職的航空公司時更有參考依據。

國籍航空公司薪資參考表

	薪資參考
華航	$55,000以上
長榮	$55,000以上
星宇	$55,000以上
虎航	$50,000以上
立榮	$50,000以上
華信	$45,000以上

地勤薪資參考表

	薪資參考
華航	$42,000以上
長榮	$38,000以上
星宇	$40,000以上
國泰	$40,000以上
虎航	$30,000以上
立榮	$36,000以上
華信	$30,000以上

外籍航空公司薪資參考表

	薪資參考
阿聯酋	$80,000以上
卡達	$80,000以上
國泰	$65,000以上
新加坡酷航	$70,000以上
澳門	$70,000以上
全日空	$70,000以上
新航	$80,000以上

空服員工作心得

　　能夠持續喜歡空服員的工作，最大的原因就是非常自由的生活型態，休假比一般上班族來得多，可以利用空閒時間進修或學習不同的技能。對我來說，每次的工作飛行都是不一樣的體驗，因為一起工作的同事不一樣，碰到的乘客不一樣，只要對新的人、事、物保持好奇心，在每個不同的航點，隨著身邊的人不同，會有不同的感受，也會發掘不同的樂趣。

　　因為每一次的飛行工作都是獨立的，就算有任何不開心，也會隨著下班而煙消雲散，下一次上班又是全新開始，也不會再見到之前合作不愉快的同事或存心刁難的奧客。（笑）

　　不過因為作息不穩定，睡覺和吃飯時間會因為工作打亂，所以對健康是很大的挑戰，也會出現一些職業病，例如長時間站立引起的靜脈曲張、常彎腰引起的腰背痠痛、處理重物而導致關節受損、因為太疲勞而引起的內分泌失調或免疫系統問題等等。與家人、朋友聚少離多是也這份工作的另一個無奈，在逢年過節大家團圓相聚時，你可能正在飛機上工作，或一個人孤單的在外站無心欣賞美景，惦記著在臺

灣的家人。但是我始終覺得慶幸，因為這份工作讓我世界趴趴走，真正的觸摸感受到每一個城市的人文與藝術，享受美景與美食，淬鍊出豐富精采的人生經驗。

每每在結束一趟很累的飛行送旅客下機時，聽到旅客由衷的道謝與稱讚，就是很大的成就感，簡單卻真實的回應都會讓我覺得溫暖與快樂。曾經有位老太太在下機時緊握著我的手，激動的道謝和道別的畫面我永遠都記得。在我們眼裡，或許每天都在做的事很微不足道，但帶給他人的影響卻很巨大，所以要努力讓這樣的感動可以一直延續……每一個起飛和降落。

做自己喜歡且充滿熱情的工作是一種幸福，現在把這份幸福傳遞給大家，祝福每一個想要飛上藍天的人都能順利實現夢想，用飛行刻畫出專屬自己的人生旅程。

我是如何做準備：考前規畫盤點

在確認自己的目標要成為空服員或地勤時，對於從 0 開始的同學會很像無頭蒼蠅，因為網路上資訊很多也雜亂，你可能會覺得做了很多功課，還是覺得很混亂。

所以建議是，可以先鎖定想要報考的航空公司，了解往年考試流程和報考資格，報考資格確定沒問題後，接下來再好好分析針對哪些面試關卡，自己該怎麼做準備。

面試心得分享多半都會對考生很有幫助，但也並不是適用每一個人，因為每個人的狀況和條件並不同，所以如果不是公司白紙黑字的規定，不需要作繭自縛或過度擔心。

有許多人不知道航空公司招募不會事先預告，多半都是徵才廣告一發布，說來就來。所以常常看到航空公司突然丟出徵才需求時，發現距離面試只有不到一個月的時間，自己竟然還沒有英文檢定成績不能報名，或者是完全沒有準備導致驚慌失措。

後來即使面試，也是只能默默的成為分母啊！

所以不管是要轉職還是社會新鮮人，如果是確定要考就要盡早開

始著手準備，把自己需要加強的能力列出來作區分。

　　不論你是要應徵空服或是地勤，可以先鎖定一家最想要進入的航空公司，把目前需要準備的項目，先分為三個月內可準備好與三個月前就需要準備的部分。

　　以三個月作為分界點，像英文能力如果要加強通常都需要花長一點的時間才能看到進步，特別是原本英文就稍微比較弱或者英文檢定分數還沒達標的人，就可以透過自主學習或上課加強等方式進修。

　　另外像工作經驗累積也是很重要的一環，建議盡量不要兩三個月就換一個工作，不然履歷表也會不好寫。

　　如果能累積相關服務業經驗，在面試時就會有更多可以發揮的地方，不過就算在不同領域工作也不用太擔心，面試官會評估考生的人格特質與是否適合這份工作，所以也可以就現有技能和專業，找到適職的切入點，展現自己的優勢和競爭力，最終能不能錄取都要取決於當下面試表現。

三個月的短期加強

　　三個月內短期可以衝刺加強的能力，就是與面試息息相關的科目。我會安排4個任務，分別是：確認關卡、制定計畫、時時更新、按

部就班。

①確認關卡

接下來從關卡確認自己的準備功課,我有考上四家航空公司的經驗,我認為每一關都要考的先準備,舉個例子來說,我準備長榮的時候,知道要考英文&台語廣播詞、美姿美儀、英文筆試、中文面試、英文面試,所以我就先把這些項目都列出來,分類任務:

步驟一:列出自己比較拿手與不足的地方

步驟二:先找自己完全沒有頭緒的關卡

步驟三:再來讓自己拿手的更厲害

步驟四:最後再加強自己不足的

像是「機上廣播詞」,這個項目學校完全沒有教,也沒有頭緒,當時就直接去買書來看,現在除了書籍以外,也有網站的資料可以搜尋(在我的空姐報報部落格中,也有寫過兩篇這個文章,可以到我的文章分類「面試準備」中挖到很多寶物。)

②制定計畫

像在面試中一定要準備的基本功就有:

履歷表自傳:跟應徵其他工作一樣,空服員或地勤的面試也要寫履歷表與中英文自傳,要寫得簡潔精準,需要時間整理自己的思緒和

學經歷，決定哪些要寫哪些不要寫，也需要時間優化。

中英文一分鐘自我介紹：這是基本必考題，每個應試者一定都要準備，因為時間很短，所以要會用關鍵字和好架構去撰寫一份有記憶點的自我介紹。

面試技巧：面試運氣很重要，但技巧也不能不學習，撇除自己不能控制的因素，可以做到也必須要做到的努力，當已經大概知道面試進行模式，平時就要有意識的練習和學習。

應考服裝儀容：儀容評審是面試中很重要的一環，如同前面章節有介紹的化妝與包頭，需要時間練習，特別是完全不會化妝的女生，妝髮技能養成在考前必須多多費心。

為了要準備這些內容，就要制定讀書計畫，把每一個大的關卡拆成小任務，切記要明確。

原則要符合：

● 要做的事情明確

● 有時間限制

● 可以用數量化

舉例：這兩個禮拜，每天要花30分鐘念2篇英文短文、並且錄音。自己重聽一次，看缺點在哪裡加強改進，改進後另外再找一位朋

友幫忙聽，參考客觀的意見。

③時時更新

　　大家每天都要更新你要考的航空公司，他們發佈的最新資訊，或是未發佈但是找得到的訊息，像是：

- ●官網的新聞稿
- ●粉絲團與IG的動態
- ●google 該家航空的新聞
- ●看該家航空的YouTube影片
- ●詢問身邊親友是否有該家航空的朋友，可以問一下公司最新的狀況與新計畫等

　　每天看是基本功，就算沒有辦法做到每天看，每週也鐵定要去更新一下。

④按部就班

　　夠瞭解你自己，就能超越任何人！如果知道自己是個比較沒有紀律的人、三分鐘熱度，就要找夥伴一起努力，來半強迫你可以繼續下去。

　　訂出策略規畫面試準備會比較省時省力，知道自己有多少時間可以運用，並把時間集中在可以補強的能力，就能更有效率提高自己面

試競爭力。

　　選擇上課或者自己準備都可以，重點在於了解自己的需求和學習特性。

　　有策略後就要有行動，執行是否徹底會直接影響結果，建議要列出明確時間表，用月計畫、週計畫列出哪些時間要練習什麼主題。

　　除了自己練習以外，也可以找其他有共同目標的夥伴組成讀書會，定期規律的互相督促，才能看到明顯的進步喔！

　　再來別只一直注意競爭對手，被人家影響，要知道每個人的準備起點可能都不太一樣，有些人很快就能夠成功達標，但是也有不少人是需要時間和面試次數累積的。

　　準備就像獨自在海底隧道內賽跑一樣，不知道別人真實的狀況，唯一能做的就是努力往前衝喔！

盤點自己的航空面試能力　檢查表		
是否具備	**項目**	**如何準備**
	【必備繳交資料】	
✔	英文檢定成績	
☐	履歷表與CV	
☐	中英文自傳	
☐	生活照與大頭照	
	【外在準備】	
☐	包頭綁法	
☐	彩妝化法	
☐	應考服妝	
☐	高跟鞋款	
☐	指甲油	
☐	隱形眼鏡	
☐	絲襪與配件	
☐	皮膚保養	
☐	牙齒狀況	
☐	美姿美儀	
☐	體重管理	
	【內在準備】	
☐	各家流程功課	
☐	英文聽與說能力	
☐	中英廣播詞與短文	
☐	台語廣播詞	
☐	面試表現技巧	
☐	面試答題設計	
☐	團體討論	
☐	說故事具象化能力	
☐	自我介紹	

空服員到底要會幾種語言呢？英文是不是一定要好？

　　我讀了文藻以後，就開始我的第二外語學習人生—西班牙文，就這樣學了七年（五專＋二技），從零開始到能和外國人溝通無虞。

　　我從來沒想過，本來完全沒有概念的語言，學起來會是這麼好玩，雖然光動詞變化六個人稱就要背到歪腰，但是超有成就感！

　　而學習第二外語的好處，我也在踏入職場後有很深的體會，尤其是開始飛行生活以後。

　　開始在阿聯酋航空公司當空服員時，英文是來自不同國家員工們的共同語言，而且當我開始世界各地飛的時候，我才發現，原來去很多地方西班牙文都是通的。

　　比如說美國，去美食街點餐時，我發現服務生講西班牙文，排隊在我前面的客人也跟他講西班牙文，所以我也跟著講，一切都是這麼自然方便，店員一點也不覺得奇怪（好像你本來就應該會講一樣）。

　　還記得在應徵外商空服員，考官發現我的履歷表上寫著會講西班牙文的時候，那種充滿驚喜的眼神，也會開啟很多彼此共通的話題 。

在面試中就是一個很好發揮的切入點，剛好如果碰到會講西文的考官，也可以藉機秀一下，讓考官對你的好感激增。

但老實說，以臺灣的航空公司來說，都只有要求英文能力，除非有特別註明需要特殊方言或第二外語，否則良好英文溝通能力是主要的必備條件。

但也有很多人都會困惑，到底要不要多學一兩種外語呢？感覺會比較容易考上？

以下是我給大家的三個建議：

①在所有外語中英文才是重點

英文是國際通用語言，在外商航空公司，有不同國籍的人一起工作，大家一律都講英文，所以把英文能力練好才是首要任務。

臺灣的航空公司在考試資格就會先要求英文檢定證明，用來評估應試者的語言能力，當然還要再看面試時的應對和表現。

外商航空多半不需要語檢證明，但由於面試過程是全英文進行，例如英文團體討論、即席短演說、辯論等等模式，考生英文是否達溝通流利的標準，在面試當中就會一翻兩瞪眼，也有助於考官快速篩選。

如果對於英文應對缺少信心的人，還是建議要把主力和重心放在

加強英文表達能力，對面試才有實質幫助。

②學第二或第三外語不單是為了考試，是要投資自己

我常收到一些問題詢問，空服員好像都會多國語言，有些空服員會第二或第三外語沒錯，但也並非是多數人。

所以不要把「一定」要學習第二外語的壓力往自己身上丟。

老實殘酷的說，考官不會因為你在履歷表上有第二外語，就立刻馬上錄取你啊，因為這本來就不是必要條件，但如果報名簡單有註明「會第二外語佳」那就是會有幫助的。至於有沒有真的加分，這個我們沒親眼看到也不知道啊（笑）。重點還是你的面試表現！

以我來說，從五專畢業開始參加空服員面試，雖然會西班牙文，但真正有在面試中講到西班牙文的只有那麼101次！而且是外商航空公司的面試，考官可能覺得好玩讓我即興講一段。認真說來當空服員這麼久，真正在飛機上講到西文的機會真的不多啊。

我學習語言是因為我有興趣，喜歡做這件事，可以加強自己的職涯競爭力而學，這跟我是不是空服員沒關係，對應徵其他行業也會有幫助，學會了就是自己的，誰也偷不走。

③把時間花在刀口上才最有效率

我常會收到私訊詢問，要學哪一種第二外語才比較可能考上？

以前自己在參加考試時，也常常會因為這個問題庸人自擾。

這個問題要建立在一個前提下

如果英文檢定成績到達標準，不管是英文面試或筆試都可以應付自如時，再去思考該不該學第二外語以及要學哪一種，可以想想看，自己喜歡或者對什麼語言有興趣。

主動學習是一件很棒也很值得鼓勵的事。

學新的語言從零開始到會簡單會話溝通，少說也要半年以上才可以看到一點效果，老實說如果沒有興趣根本撐不了多久啊！

一邊工作（上學）又要準備考試的情況下，人的專注力和時間都有限，要仔細思考怎麼安排規劃，重點要放在哪裡才有最大幫助！

學習不要有很大壓力，不單單只是為了要考空服員，要好好享受學習過程，才會學得開心也才有持續學習的動力喔！

如果想學第二外語，目前以臺灣航空公司來說，可以優先考慮日韓語喔！

因為近幾年某些航空公司都會特別招募會日韓語的空服員，明文寫在報名資格上，「會日文或韓文者優先錄取（加分）」。

因為這兩種真的相對用到的機會高，航空公司若有特定航線需求，他們也必須要安排會該語言的組員在機上服務，所以當你剛好

會，在考試時就能真正發揮作用。

在面試中是有可能被測驗會話程度如何的喔，不是只會打招呼和自我介紹，最好是要能達到日常會話溝通無虞的程度，這樣才會有足夠底氣寫在履歷和自傳中。

最後還是提醒大家空服員面試能不能通過，語言只是其中一個環節，而英文是最主要也最需要練好的！

「我們都習慣只看到自己缺少和不足的地方，看不到自己強項和優勢，更別說知道如何放大自己的獨特魅力」。

但若想在面試當中脫穎而出，展現個人特色和優勢才是最關鍵的！

廉價航空在應徵面試者和傳統航空有哪些不同？

在考廉價航空前大家應該要做很足的功課，在生活與休假型態、工作內容、面試選人標準、飛時與薪水福利都有與傳統航空不同的地方。

在這篇文章，我想跟各位特別談的在面試選人標準的不同之處，我分成面試流程、選人偏好、應對技巧，三大部分跟大家說明。

①面試流程

不同於傳統航空公司，廉航在面試會比較跳脫制式的方式，一分鐘的中英文自我介紹是一定要準備的。

中英文回答問題的關卡雖然是都有考，但是廉航就比較少問常見的考古題，多問一些生活化、應試者喜好、臨場反應題等等，考試氣氛相對有趣輕鬆。

有些外商廉航會用團討方式來篩選應試者，更特別的是出現過即興才藝表演，就是要讓考生盡情秀出自己的才藝，不論是唱歌、跳舞、數來寶等等。

在壓力很大的狀態下，已經很緊張，是否能神色自若、自信又流暢的表演才藝，非常考驗每一位的實力和臨場表現啦！

不過可能要有點心理準備，並不是所有考官都會帶著笑容，當你很賣力的表演時，考官們的表情還有可能很嚴肅喔！

所以真的要有點抗壓力，請記住：「當你不尷尬，尷尬的就是別人！」

②選人偏好

面試流程之所以不同，目的就是要看到考生顯露更多特質，以便可以迅速選出合適的人。

廉航在選人方面也有一點偏好，多半希望營造出年輕活潑的形象，廉航的制服款式也會帶點休閒感，會跳脫傳統航空公司較中規中矩的商務套裝風格，所以在挑選考生時，也會特別喜歡有活力有精神的人，在應考的外型儀容方面記得要多多注意喔。

妝容要呈現好氣色，在面試的應答過程中，也要多多展現出外向、主動、積極、勇於表達自我等特質，都會很有幫助！

③銷售與應對技巧

廉航的空服員的工作內容中，銷售是很重要的一部份，所以雖

然廉航空服員，不用一起飛就送全機客人的餐點，但飛機上的任何備品像毛毯、枕頭都是要使用者付費，更別說餐點和飲料，還有免稅品耶，全部都要推出來賣！

所以一起飛之後，空服員送完客人事先訂好的餐後，就會開始銷售服務，賣東西除了要有銷售技巧，和客人的應對技巧也很重要。

不像傳統航空會有SOP或較制式的回應，廉航空服員在和客人互動時，多半會是在銷售物品的當下，所以除了兼顧服務品質以外，怎麼和客人應對，如何說服客人買單，也是廉航空服員們很需要的技巧喔！

所以有銷售經驗的考生相對比較吃香一點，因為在面試時，考官有可能會出考題讓你當場賣東西喔。

想一想，如果現在面前有一支口紅要你賣給客人，請問你會怎麼賣？會用什麼方式和話術吸引客人？而且不是為了賣而賣，若只是講規格或賣家語言也不足以打動人，還要同時展現體貼的服務，這會是比較大的挑戰。

以上三點就是廉航在面試應徵者和傳統航空的不同之處，希望大家可以投其所好，準備到最極致去應試，增加考上的機會！

同時也要再提醒大家，一定要搞懂廉航空服員的工作內容有哪些，飛行的航線和生活型態。

千萬不要到考場裡說：「想來應徵廉航是想體驗外站生活……」廉航很多都是來回班，基本上不太會有過夜班，這種生活型態就是像上班族一樣，每天都可以回家．這是和傳統航空空服員的生活型態不太一樣的地方。

諸如此類這些問題千萬千萬要注意，都是地雷，萬一答錯了就代表你根本完全沒做好功課！

廉價航空與傳統航空公司空服員，顯而易見的是生活型態與工作內容是最大的落差，端看每個人的喜好和需求，因為優點和缺點因人而異。

對於有著空服員夢想的社會新鮮人來說，加入廉航會是一個很好的機會，在活潑自由且年齡層偏低的工作環境下，正式接觸自己喜愛的飛行工作會是很棒的開始。除去傳統航空的資深資淺制度束縛，休假時間多，薪水不亞於一般航空公司，確實很吸引人。

若是對於想轉換跑道且又可彈性工作的人，廉航工作可以兼顧家庭生活又很穩定，也不失為一個好選擇。

空服員和地勤面試的不同

「空服和地勤的面試有哪些不同呢？」，這是在準備航空公司面試的人，大部分心中會有的問題。

地勤的面試關卡與空服員也十分的類似，也有一些不同的地方，但面試準備方向，多半都是相通的。

例如：應考服裝、彩妝包頭、中英文自我介紹、看自己的履歷表抓問題、練習架構回答內容……等等

這些項目都是空服員和地勤會考的。

舉個星宇航空公司招募的地勤運務員為例子，面試模式就和空服員稍微有差異。

之前有考過全英文的團體討論，考官會提出一個問題讓大家在有限的時間內討論，最後再作結論。

也有英文廣播詞的朗讀，考生要先把內容背起來，以自然的聲調和表情唸出來，就像是在做機場裡做廣播一樣。

另外在中英文面試中，像是個人的經歷、優缺點、作了哪些準

備、為什麼選擇來星宇航空、運務員（地勤）的工作內容要做些什麼等，這些也是蠻常出現的考題。

中英文的筆試也非常重要，例如：邏輯分析──數學計算題目、英文有克漏字、閱讀測驗、改錯題、翻譯題

接著我們來談談空服員和地勤運務人員，這兩份工作內容有哪些不同。

空服員主要是在機上服務旅客，在受訓時課程包括練習機上各類機具與設備、模擬及演練各類緊急、特殊飛行狀況之應變、學習各項專業知識等，通過各項考核方能加入飛行勤務。

地勤運務人員要負責在機場服務旅客，從check in行李、辦理登機事項、登機門登機以及接從外站回來的飛機，安排班機無法起飛的事項、接受客訴等等，全部都是在工作範圍裡面。

所以我們從工作內容的幾個部分，可以分析地勤運務人員更需要的特質：

英文能力

某些航空公司招考地勤的時候，對英文檢定的要求會高過空服人員，因為地勤人員在使用英文的聽說讀寫頻率，會高於空服人員。

舉例來說，像是辦理登機的時候，是整個旅程中會有最多狀況的一關，空服員沒有機會對每一位乘客說到話，但地勤人員必須辦理每一位客人的登機事項，需要溝通和確認的事項和內容也比較複雜，所以對地勤運務人員的英文能力，會更加的要求。

細心特質

如前面所說，地勤需要檢查票務資訊和旅客的護照＆前往國家的簽證等等，如果缺少其中一點，旅客很可能在抵達目的地或是轉機的地方被遣返回出發地，這會是非常嚴重的缺失，也會造成航空公司的損失。

所以像是日航在面試時，會要求手寫的應徵理由書，也就是觀察有沒有錯別字、會不會粗心大意，地勤也會多考筆試的內容關卡，來測試應試者的細心程度，面試的時候主考官也會從對答之中，探索應試的人是不是具備高度耐心，可以更貼近適合地勤的工作。

高度EQ＆抗壓力

這似乎是每個職業都需要的特質，但服務業真的必備，忙起來沒有人會對你和顏悅色，多半是對事不對人，所以盡量不要想太多，也不要玻璃心。

尤其是有學長學姊制度在，有壓力是正常的，當大家工作能力都很好，身為新人就是好好學習、努力跟上，每天有客訴是日常。像我在某航擔任地勤的朋友，每天被高卡客人的要求與各種難搞之外，颱風天或是班機延誤被旅客咆哮是家常便飯，好像沒有一天不被旅客罵的。所以在地勤面試的時候，考官多半都會詢問你有沒有被客訴的經驗？然後都是怎麼樣解決的？你覺得客人客訴的原因是合理的嗎？

如果有相關的服務業經驗，我認為都可以在面試中好好設計說出一個好的處理案例。

如果你同時在準備空服和地勤的話，從自傳到面試的問題準備，都要有不同的思考和策略，這樣也會讓考官覺得，你是有先做好功課，知道你要應徵的工作，是在做哪些事情的準備喔！

反應靈敏和主動做事

因為大大小小的突發事情很多，並不是帥帥美美的一直坐在櫃檯上，工作範圍廣，除了自己本身的工作要做好，也能主動幫忙其他同事的更好。

大家都想跟好咖工作，自己有獨立作業的能力，不拖累同事，又可以在團隊中有貢獻，提高工作效率。

飛機飛行/落地/靠橋/地停/航權都要需要燒錢，而且是很多錢；安全上、證件上的人為違規/非人為違規都會有罰款，所以在航空業的工作環境下，效率和正確率是非常重要的！

所以如何把事情處理得快又好，會是大家的共同目標

萬事多一點用心

願意多做一點，願意多學一點專業的知識，願意多幫忙一點，願意多承擔一點，有點類似雞婆個性，畢竟客人要處理的瑣事很多，一個環節沒有做好，就會拖累到其他同事。

例如：櫃檯沒有處理好客人的證件或是行李，地勤都會盡量自己去把客人找出來，不是丟給登機門同事就好，多一點用心就是為了獲得好的工作成果做好最佳準備。

其實認真思考會發現，空服員和地勤人員必備特質也是相通的，差異大概就在因應工作內容不同而做微調。

只是在客訴處理上，我認為地勤人員要面對的挑戰比空服員要來得多很多，這就是航空業的本質，在進去前能調整好心態和思維，對面試和未來的工作都會有幫助。

外商航空 Open Day勝出祕技「穿、Talk、力」

面對外商航空公司的 Open day，相信正在準備考試的同學們都很期待又怕受傷害。

要想通過層層關卡，首先要先能通過第一關Open Day！

老實說我認為這是看似簡單但卻隱藏著大學問的一關，很多人都不知道自己究竟是怎麼過的，抑或是為什麼會沒過！

這次我要傳授一個口訣給大家，幫助大家通過萬人海選！這個口訣是「穿、Talk、力」！非常好記吧！現在就來拆解口訣一步一步教大家！

穿：要打造最佳的第一印象

外表和穿著是最直接的感受，以當時我自己參加OD來說，因為並沒有特別規定要怎麼穿，我認為商務套裝是絕對不會錯的，但如果是白襯衫又顯得一般，所以我很大膽地挑了大紅色襯衫＋黑色窄裙，當然前提是要穿起來好看。

洋裝也是很棒的選擇，但one piece的剪裁和款式需要花時間找，

要有點正式、又要能修飾身型，所以如果你找不到合適的一件式洋裝，也不用勉強，上衣和下半身搭配也能很專業又好看。

　　不管是從座位站起來，還是在排隊的人群中，要讓考官對你的第一眼很完美，而且亮眼。

　　亮眼非常重要，亮眼不只要運用在穿著上，妝容也是，完整全妝，顯色的口紅讓你笑起來更迷人也更有精神！

　　在還沒說話以前，要先能抓住考官目光，這是很現實但卻最能幫助你過關的第一步！

Talk: 主動問候氣勢出場

　　繳交CV當下第一件事要先揚起甜美燦爛的笑容，馬上跟考官寒暄。他們在開始前一定會自我介紹，請千萬要記住他們的名字，直接稱呼他的名字。

　　對空服員來說，能夠自在且主動的跨出第一步，是很重要的！

　　別忘了，每趟航班中，你都會碰見不一樣的客人，在登機時，都會是你第一次與他們碰面，所以主動與客人交談與問候就像家常便飯一樣，還要展現出自信從容。

　　考官其實就像是客人，他雖然在面試你，但也同時以客人的角度在觀察你，畢竟他也是第一次碰到你啊。

考官人都非常好，面試的過程就是聊天，不需要過度緊繃，重點是你講話的感覺，還有在和考官對談時自信的眼神接觸。

因為過程中，有可能會被問問題，這邊要特別注意一點，千萬不要當句點王！

也就是不要只回答是或不是，一定要接著談原因或者想法，不然對話可能就會殘忍地結束了。

不要人很好，想說讓後面的人趕快考到。機會就只有一次，就算是多談一兩分鐘都很珍貴！

力：這裡的力指的是大力自我行銷！

不管過程中考官跟你聊什麼，你不是要閒聊而已，你要在回答的內容當中鋪哏。

看考官問的問題去連結或者臨機應變，如果抓到合適機會，要想辦法在內容中加入關鍵字。

－你為什麼最適合成為我們公司的空服員人選，而不是別人？

－什麼契機讓你想加入我們公司？

－你有沒有其他航空的飛行經驗？

－你有服務業的工作經驗嗎？

－工作經驗中有什麼難忘或者特別的事嗎？為什麼想轉職？

這些問題都可能是考官在第一眼稍微看一下你CV後，心中浮現的

問題。

　　當然時間不允許他全部問，但是他會挑出一兩題最好奇的地方問，這時你就要聰明的在他心中埋下希望的種子，藉由你準備過的回答內容。

　　當然你不能講得像背稿，要自然地和他對話聊天！

　　讓考官初步認識你，甚至覺得你的回答很能夠說服他，這樣才叫大力自我行銷！

　　假設你就是一個商品，要快速賣出去，除了包裝要好看，還是要有內容，而內容就是你們該下苦工的地方。

　　只要記住並且貫徹「穿、Talk、力」，你就可以時時刻刻提醒自己該做哪些事，要在人海中脫穎而出不可能單靠運氣！

　　你不只要作足準備，重點是要讓考官對你充滿興趣，想更了解你，也就是讓你繼續參加接下來的關卡，和你聊完後，考官就會順手把你的CV放在通過的那一疊。

　　所以看似閒聊的過程當中，要透露出你是一顆有潛力的寶石，值得他挑選你，如果你順利通過面試，假以時日後你會變成耀眼的鑽石，成為外商航空的空服員！

　　預祝大家Open Day順利過關斬將！

面試之後的檢討與改善

　　要從一件事情學到經驗，如果只是記著當下的感覺，沒有做紀錄和檢討工作，過了一陣子之後就不會有印象，也就浪費了那次的寶貴經驗。

　　有許多應試者面試失敗後都很疑惑，覺得自己好像都做得不差，但為什麼總是沒過關？

　　所以這篇要來談的是，要怎麼樣從一場面試結束之後，萃取失敗或是成功的經驗化為己用，下次遇到同樣的狀況和題目，可以避免不二過，也可以增加自己的拆招能力喔！

　　面試完之後一定要做的紀錄，有三個大方向可以讓大家參考，首先要記錄的是：

當天的服裝儀容：髮妝和服裝

　　航空面試最重要的就是第一印象，每一次的招考都有超過上千人的報名者，坊間又有許多的傳說，哪一家航空偏好什麼髮型與妝容，甚至還會講究要擦什麼眼影顏色才會過關？

　　其實不盡然，真的沒有絕對，妝容、髮型和穿著，我認為更重要

的是「適不適合自己」，把自己最好最美的樣子呈現出來，挑選適合自己的顏色與衣服款式，才會讓你看起來更亮眼。

特別是在參加外商航空面試時，因為有些公司不會要求制式的應考服裝，所以更要花點心思挑選戰服，把身材比例的優點展現出來，提高自己的能見度。

再來，可以拍照記錄自己的外在，也可以順便觀察自己的狀態，記錄每一次的應考照片，當發現哪些地方需要優化的時候，下一次就會更注意。

當天面試的流程和等待時間

面試當天需要精神十足，因為需要等待的時間長短不一定，有可能因為流程關卡的多寡而拉長等待時間，等待是很消耗體力和精神的，一不小心有可能露出疲態而不自覺，走進公司時其實就算開始面試了，從那一刻開始就要隨時注意自己的笑容和儀態，因為可能都在被觀察。

以前我在考阿聯酋和卡達航空時，Assessment Day那天一早就做團體討論，到英文筆試，再繼續團體討論，寫人格測驗……走完流程是一整天，因為需要高度專注力，也要時時刻刻注意自己的笑容和儀態，人其實是很緊繃的。

等到考完走出考場已經是晚上六七點了，整個累到眼神渙散，所以等待時間拉長對身心都是挑戰，或者因為沒注意到某些細節，導致在面試中出錯等等狀況，都很有可能發生的。

當天被考到的題目和回答的方式

自我介紹是面試當中常見被問的題目，但能否在一分鐘內引起考官興趣，有沒有任何記憶點？針對自介、自傳有沒有事先預測題目和準備答案？

當天會被考到什麼題目無法控制，即使有做了非常多的準備，練習百題考古題，但是有可能一題都沒被問到，被問到的剛好都沒想過，或是考驗臨場反應的題目，根本讓人措手不及，如果當下顯現出緊張慌亂，那表現也一定會受影響。

面試過程被問到的內容假設都幸運的在自己掌握中，但你是講你自己想講的？還是你有細心注意到航空公司的需求和期待，將自己的優勢與其連結？這都是需要好好思考的地方。

另外對於考官反應的觀察要真實記錄，特別是與自己對話的時候，在事後檢討時發現有什麼是自己可以做得更好的，例如應對的語氣、良好態度和適度眼神接觸，非語言溝通訊息有會洩漏很多我們的

祕密。

　　考完可以預測自己是否能通過，當然同組考生表現也是一個評估的參考指標。

　　前一天或當天有沒有什麼特殊事項是影響自己的身心理狀態，例如：熬夜沒睡好，前一晚還在背新改版的自我介紹，在考場上碰到認識的人多聊幾句變很嗨，突然就忘記自己在參加面試……等等突發事件，都有可能影響到自己的表現。

　　在檢討自己表現的時候要盡量囊括想得到的各種面向，目的不是想吹毛求疵，而是希望可以因此找到自己可能沒注意到的盲點，或者可以優化的地方，在下次面試時有更出色的表現。

NoTe

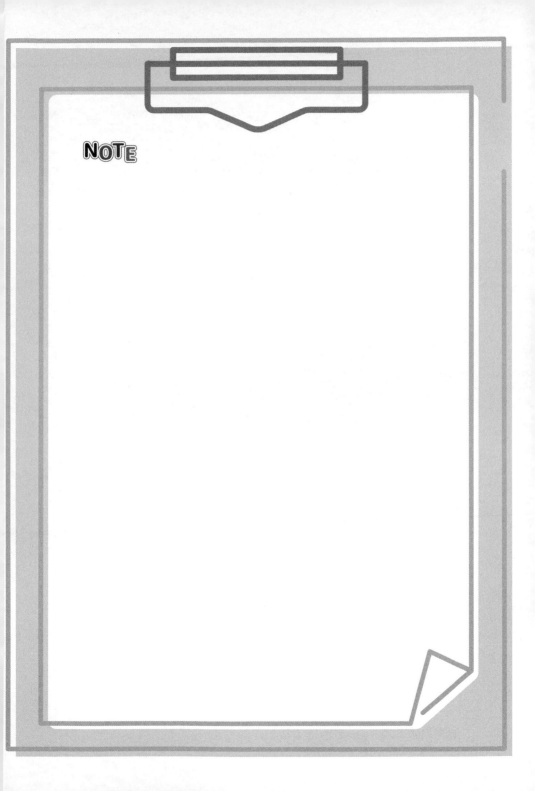

NOTE

空服員應考特訓班【暢銷增訂版】：
跟著我一起當空姐，50堂空服員筆試、口試、成功錄取一次考上必勝全攻略！

作　　　者／朱芃穎
美 術 編 輯／申朗創意
責 任 編 輯／許典春
企畫選書人／賈俊國

總　 編　 輯／賈俊國
副 總 編 輯／蘇士尹
行 銷 企 畫／張莉滎・蕭羽猜・黃欣

發　 行　 人／何飛鵬
出　　　版／布克文化出版事業部
　　　　　　台北市中山區民生東路二段141號8樓
　　　　　　電話：（02）2500-7008　傳真：（02）2502-7676
　　　　　　Email：sbooker.service@clte.com.tw
發　　　行／英屬蓋曼群島商家庭傳媒股份有限公司城邦分公司
　　　　　　台北市中山區民生東路二段141號2樓
　　　　　　書虫客服服務專線：(02)2500-7718；2500-7719
　　　　　　24小時傳真專線：(02)2500-1990；2500-1991
　　　　　　劃撥帳號：19863813；戶名：書虫股份有限公司
　　　　　　讀者服務信箱：service@readingclub.com.tw
香港發行所／城邦（香港）出版集團有限公司
　　　　　　香港灣仔駱克道193號東超商業中心1樓
　　　　　　電話：+852-2508-6231　傳真：+852-2578-9337
　　　　　　Email：hkcite@biznetvigator.com
馬新發行所／城邦（馬新）出版集團 Cit'sé (M) Sdn. Bhd.
　　　　　　41, Jalan Radin Anum, Bandar Baru Sri Petaling,
　　　　　　57000 Kuala Lumpur, Malaysia
　　　　　　電話：+603-9057-8822　傳真：+603-9057-6622
　　　　　　Email：cite@cite.com.my
印　　　刷／卡樂彩色製版印刷有限公司
二　　　版／2023年11月
售　　　價／NT$450元

ＩＳＢＮ／978-626-7337-51-6
ＥＩＳＢＮ／978-626-7337-52-3（EPUB）

城邦讀書花園　布克文化
www.cite.com.tw　www.sbooker.com.tw